华为管理笔记

黄继伟 ◎ 著

华为公司三十年来高速发展的管理心得与运营法则

中国友谊出版公司

图书在版编目（CIP）数据

华为管理笔记 / 黄继伟著 . — 北京 : 中国友谊出版公司，2020.9
ISBN 978-7-5057-4952-8

Ⅰ . ①华… Ⅱ . ①黄… Ⅲ . ①通信企业－企业管理－经验－深圳 Ⅳ . ① F632.765.3

中国版本图书馆 CIP 数据核字（2020）第 129161 号

书名	华为管理笔记
作者	黄继伟
出版	中国友谊出版公司
发行	中国友谊出版公司
经销	新华书店
印刷	三河市冀华印务有限公司
规格	787×1092 毫米　16 开 16.5 印张　182 千字
版次	2020 年 10 月第 1 版
印次	2020 年 10 月第 1 次印刷
书号	ISBN 978-7-5057-4952-8
定价	45.00 元
地址	北京市朝阳区西坝河南里 17 号楼
邮编	100028
电话	（010）64678009

如发现图书质量问题，可联系调换。质量投诉电话：010-82069336

前　　言

2020年1月9日，万科创始人王石特意聊到了华为。他当时对华为与任正非敬佩不已，更是在言谈中强调了这样一个观点："万科时代已经过去，现在是华为时代。"什么是华为时代？或许很多人在此前还没有一个明确的概念，甚至提到华为公司，也只是拥有一个模糊的印象："这家公司的工资很高。"或者有的人会说："这家公司的手机还算不错。"但仅此而已。如果不是2019年美国发起的这一场针对华为的全球"围剿"行动，许多人都还没有感受到华为的强大，没有意识到华为一直都在改变我们的生活。它太过低调了，以至于人们常常忽略它的存在。殊不知，我们每天都要接收的网络信息，我们心心念念的3G网络、4G网络，以及正在全面铺展开来的5G网络，都是华为提供的。

很多人都没有想过，还会有一家中国企业（还是一家民营企业），会在最重要的通信领域内拥有"高处不胜寒"的感觉。华为给人的感觉就像是一场梦，一场真正的中国梦，而且梦醒时分，你能够感觉到一切都是真实的。华为变得很强了？是的，非常强大，也许从

2016年以后，华为就成了通信领域最不可忽视的一股力量，而现在美国人也开始担心这股力量会威胁到他们在全球范围内的商业布局——这绝对不是危言耸听，在这样一个信息时代，谁掌握了5G技术，谁就拥有改变世界的话语权。

那么华为究竟是如何获得成功的呢？可以说是技术，可以说是人才，可以说是文化，也可以说是战略布局能力，但最关键的是管理。因为只有强大的管理能力，才能将这些发展的关键要素准确地糅合在一起，形成发展的推力。

有人曾经前往任正非的办公室进行采访，结果发现装修非常朴素，丝毫没有其他大公司老板的豪华风格。不仅如此，桌子上还摆放着一个喝水用的大瓷缸，这是20世纪五六十年代的物件，由此可见任正非的工作做派和生活作风。另外，桌子上还放着一本《美国陷阱》，讲述的是美国如何通过非法手段瓦解其他国家的商业巨头。之所以会看这本书，恐怕和2019年美国打压华为，并且指使加拿大扣押孟晚舟女士有关，任正非必须慎之又慎地对待这一连串的事情，避免华为公司落入美国的陷阱。

如果说大瓷缸体现出了任正非的低调朴素，那么《美国陷阱》这本书则体现出了华为公司对来自外界的竞争和打压的谨慎。华为公司有必要保持强大的危机预防和应对能力，任正非有必要强化内部的管理，确保整个公司能够在风暴到来的时候保持凝聚力和战斗力。

在之前的20年或者30年时间里，华为一直都如履薄冰，一直都埋头苦干，因为先天不足的发展状态决定了华为在市场上输不起，只要输掉了一次，华为就可能彻底消失。华为公司自从成立以来，遭遇过几次非常严重的危机，比如最典型的就是2000年全球性的IT泡沫破裂，使得整个通信行业陷入寒冬；到了2001年，新的冲击接踵而来，华为当时选择的GSM技术路线被电信和联通都拒之门外；2002年，通信行业的危机不断加重，这个时候的任正非感受到了前所未有的压力和孤独，经常在噩梦中哭醒。

但每一次，任正非都熬了过来；每一次，华为都在他的带领下被打造成更加强大的团队。管理赋予了华为最强大的生命力。2019年2月16日，任正非在谈到危机管理时做了一次总结："当前，个别国家想阻断我们对科学要素的研究投资，阻断我们对先进科学的吸取，我们要有所准备，要扩大我们对未来研究方向的探索与投资。合理布局建立理论研究基础研究基地和平台，也要发挥我们现在的工程研究基地的优势。那样我们就要学会宽容失败的科学家，理解博士们的学有专长；我们的高级干部要增加阅读量，增加见识，增加沟通，理解对未来路途探索的艰辛。只要我们不甘落后，这种宽容、灰色就是高级干部必备的品质。我们要有周公吐哺的精神，爱惜人才，珍重人才。我们要敢于挑战困难，大事临头要有静气，沉着淡定持续不断地努力。任何困难都阻止不了我们前进，也许极端困难的外部条件，把我们逼得更团结，把我们逼得更先进、更受客户喜欢，逼得我们真正从上到下都能接受自我批判、自我优化。"

他仍旧在不断强化自己的管理理念，仍旧在不断武装自己的管理体系。德国军事理论家克劳塞维茨《战争论》里面有一句话："什么叫领袖？要在茫茫的黑暗中，把自己的心拿出来燃烧，发出生命的微光，带领队伍走向胜利。战争打到一塌糊涂的时候，将领的作用是什么？就是用自己发出的微光，带领队伍前进。"带领队伍不能仅仅依靠自己会打仗，不能仅仅依靠自己会喊口号，一定要学会管理。只有学会管理，才能打造一支有战斗力、有灵魂的队伍。多年来，任正非一直都谨记这段话，并且以此来要求自己管理好华为公司。

在过去20年甚至是30年时间里，华为大多数时候都在强调自己与西方企业的不对称竞争：西方企业拥有很大的技术优势和管理优势，而华为拥有人力资源优势和成本控制带来的价格优势。如今的华为也在技术研发和管理上跟上了国际社会的脚步，并且在很多领域都实现了反超，可以说华为终于可以堂堂正正地与西方大企业展开一场对称的竞争。在华为变得越来越强大的时候，是否意味着一切都可以高枕无忧了呢？是否意味着华为的管理层已经可以放心地掌控一切了呢？

很显然，问题没有那么简单，因为这种发展成果本身也隐藏了一些危机，一些华为人称之为"富营养化"。毫不夸张地说，今天的华为基本可以称作强技术、强产品、强人才、强资本、强管理的一家跨国公司，无论是在硬件还是软件方面都足以与世界上第一流的科技公司媲美。看起来，华为应该拥有一个非常美好的未来，华为一定会赢得更多的掌声和成就。但许多人或许都没有想过，在很多发达国家，包括诺基亚、摩托罗拉、IBM、惠普、西门子、柯达、索尼在内的超级企业都走上了下坡路，其中柯达甚至直接破产，而它们曾经都是强资本、强技术、强管理的典型，最终还是不可避免地患上了一些大企业病。就像是营养过剩一样，它们往往会过度依赖资本、技术、管理，会过度依赖那些非常理性的制度。华为是否也存在类似的症状和风险呢？

当一家公司精确地掌控好每一份资源，并且试图将自己的优势资源放大时，可能会在无形中产生营养过剩，因为发展本身就不存在十全十美，任何一个体系本身都存在漏洞。换句话说，一个管理体系如果足够科学与理性，本身就是一个危险的征兆。管理的本质始终是对人的管理，无论技术多么先进、制度多么完善、资金多么充足，人始终是最难管理的：无法完全通过数据进行量化，无法通过科学进行彻底规范，任何理性的管理体系都可能会起到束缚人发展的反作用。一个非常简单的道理是：任何规则的存在本身就是对个人行为的压制，只不过很多时候，这种压制程度比较轻而已。

因此当外界积极关注华为时代到来的时候，更多的华为人却在思考着华为管理中是否存在类似的重大弊端，华为是否也会因为营养过剩而走向衰败。而接下来华为又将如何持续改进自己的管理呢？华为会不会变得傲慢，会不会对客户失去耐心，会不会在高利润的驱使下做出一些违背商业法则的事情来？会不会变得目空一切、高高在上？

这些事是任正非在分析现在以及展望未来时一直都重点关注的，或者说也许从华为走向国际化开始，任正非就在反复思考这些问题。一个大企业会不会从内部开始腐朽，会不会因为自身原因而轰然倒塌，决定这一切的还是管理。如果对华为这30多年的发展情况进行分析，就会发现，华为一直都在完善自己的管理体系，一直都在根据自身的发展变化、发展需求、外界环境变化、客户需求等因素来调整自己的管理，华为的强管理、强技术、强资源这些创新未必就是完全合理的，也存在一些漏洞，可能在一定程度上有引发营养过剩的风险，但华为一直都在竭力避免一些大的错误，竭力避免一些毁灭性的因子出现。还有一个非常重要的因素，华为的所有管理策略、管理模式，都不仅仅是针对自己的，而是针对客户、针对世界发展的。华为的愿景就是不断通过自己的存在，来丰富人们的沟通、生活与经济发展，从而凸显出自己作为一个企业存在的社会价值。按照任正非的期待，华为应该达到丰富人们的沟通和生活，也能够不断促进经济的全球化发展的水平上。

一个有趣的现象是，包括IBM在内的很多西方企业曾经帮助一大批中国公司做管理体系和管理上的咨询，但是多数企业都没能像华为公司一样获得巨大的成功，就是因为它们没能像华为公司那样按照自己的发展情况，将西方企业的那一套管理体系因地制宜进行改造，最终变成适合自身发展的管理体系。而且华为的领导班子在创业时年龄普遍偏大，为人比较沉稳，阅历也很丰富，在进退取舍之间非常老到和从容，能够把握一个绝佳的尺度，因此为华为量身定做了一套好的管理体系，而这个体系在其他公司也许就不合适了。

比如有个华为员工曾经在华为心声社区贴了一篇外面评论家的文章，大意是说华为的"工者有其股"的股权分配制度不合理。这篇文章认为，一旦华为不能持续赢利，那么所谓虚拟受限股就是泡沫，而且这个泡沫终会在经济不景气时破灭。这篇文章引发了华为内部很强烈的反响，一些人认为华为公司的套路太深，利用一些虚拟受限股来笼络人心，其实员工们都在为一堆虚拟的股份而奋斗，一旦公司不景气了，手上的股权价值就会大跌。一些人甚至认为华为的这种股权分配形式是违法的，是强制性将员工利益和公司利益捆绑在一起，根本不值得提倡。

关于这篇文章谈到的问题，任正非进行了解释：首先，他强调华为的虚拟受限股是经政府批准才实行的，政府已经给了红头文件，因此这种股权制度是完全合法的。很多领导都在关注华为的股权问题，他们非常重视这样的制度是否会对产业发展产生积极的影响，并且认为华为的股权分配制度是中国特色社会主义分配的一种尝试，可以说在法律层面是完全站得住脚的。

其次，任何一种投资都是有风险的，企业经营也存在很大的风险，无论是上市公司还是非上市的公司，一旦不能够赢利，公司就会垮掉，员工的利益就会受到影响，在这一点上，华为并没有什么特殊性，其他公司也一样将自身发展的风险和员工利益捆绑在一起。而且华为公司一直都是采取自愿原则，员工可以自愿选择是否购买公司股权，只要员工对自己的奋斗有信心，就可以选择购买。当然，如果员工觉得不划算或者对公司发展没有什么信心，可以选择不购买或者将已经购买的虚拟受限股全部退出兑现，但退出之后不可以逆向购买回去，重新购买股权的人需要重新按照贡献来进行购买，而且必须严格按照公司的饱和配股计划来实施。

最后，华为本身就是一个民营企业，资源很少，起步非常困难，在吸收人才方面缺乏很大的吸引力，这种弱势使得华为必须想办法依靠自己的方式来解决问题。为了留住人才，将公司的股权划分给员工是最合理的一种方式，而且这些股权是面向大部分员工的，这就体现出了华为追求公平的一面。

类似的管理制度和模式有很多，几乎都是围绕着华为转的，几乎所有的环节都是为华为人量身定制的，因此华为的管理体系本身就带着华为特色。本书以华为的管理为主题，侧重于对华为管理体系、华为管理模式进化的梳理，分别从人才管理、组织机构管理、对外业务管理、品牌经营管理、技术研发管理、企业文化管理、战略管理七个方面入手，较为详细地描述了华为的管理架构。书中关于华为管理理念、管理方法、管理制度、管理模式、管理水平的描述基本上都能够有效地与华为的实际发展情况对应起来进行解释，从而更好地强化了读者的理解，也如实反映出了华为管理的发展轨迹。

　　书中的语言比较通俗，内容丰富，论点清晰，具有很强的逻辑性和可读性，而且很多知识点都涉及最近两三年的内容，这是市面上同类型描述华为管理理念的书籍所不具备的一个巨大优势。这些新的内容无疑可以让读者更好、更全面地了解华为，了解华为这些年来的变化。

目 录

第一章　人才管理：充分发挥人才的能量

企业管理最难的工作是如何分钱 …… 003

员工贡献一定要大于成本 …… 007

打造最优质的工作环境 …… 011

培训管理：让最优秀的人培养更优秀的人 …… 015

干部管理：防止烟囱式领导 …… 019

让所有人做好本职工作就是参战 …… 023

一线人员的晋升速度要快于支援保障人员 …… 027

华为从来不用完人 …… 031

祛除平庸，打造能打胜仗的干部队伍 …… 035

第二章　组织机构管理：保持流程的高效

"不产粮食的流程是多余流程" …… 041

完善组织结构，消除流程断点 …… 045

打造权力与制度的制衡机制，提升权力的效用 …… 049

打造一个倒三角式的组织管理结构 …… 053

提升业务能力，就要推动代表处的改革 …… 059

在有凤的地方筑巢，而不是筑巢引凤 …… 063

高度民主化的高层轮值制度 067

给公司进行持续性的换血和输血 071

第三章　对外业务管理：开放与合作是华为的重要标签

开放、合作是华为对外的最大风格 077

技术垄断和商业垄断不是华为的目标 081

技术竞争是和平竞争 084

过去我们是为了赚点小钱，现在是为了要战胜对手 088

技术能力比信任更加重要 092

保护信息安全，尊重客户的隐私权 096

市场经济＝客户+货源+法律 101

保持统一，才能共同进步 105

第四章　品牌经营管理：打造世界一流的品牌

打造更具辨识度的品牌 111

出色的品牌危机管理 115

打造强大的品牌资产 120

华为的自我展示和自我宣传 124

品牌的根本核心就是诚信 128

坚持用户体验至上的原则 132

真正认识到为客户服务是华为存在的唯一理由 136

质量管理是企业得以发展的基石 141

第五章　技术研发管理：让技术精准引领企业的发展方向

让技术在发展过程中"沿途下蛋" …… 147

华为的专利保卫战 …… 151

要拉着这个世界跑，不要等 …… 155

反对盲目创新，避免主观主义 …… 159

盲目的人口红利是错误的，生产方式将走向人工智能 …… 163

技术研发是不断改进，而不是追求颠覆 …… 167

华为人要发挥工匠精神，提升产品的竞争力 …… 171

对科技以及科研人员给予包容 …… 175

第六章　企业文化管理：文化是生生不息的资源

不要再提互联网精神 …… 181

把素质导向放在责任结果导向之后 …… 185

华为公司要做到内外合规 …… 188

华为不需要感恩的员工 …… 193

相信华为不会死去 …… 197

一以贯之的奋斗者文化 …… 200

在学习中进步，在进步中强化学习 …… 204

主干文化要管得很清晰很标准，但末端文化一定要开放 …… 208

第七章　战略管理：华为的发展需要更强大的战略布局

"活下去"是最低战略，也是最高战略 213

向上捅破天，向下扎到根 217

全面提升华为的战略预警能力 221

在发展中把握战略耐性 225

主动寻求战略机会 230

在智能社会进行清晰的战略定位 234

不懂战略退却的人，就不会战略进攻 238

增加战略投入的比例 242

后记：华为的基础理论研究源于国家的基础教育 245

第一章

人才管理：
充分发挥人才的能量

企业管理最难的工作是如何分钱

在谈到华为公司的管理时,"钱"始终是一个绕不开的话题。作为一家不差钱的公司,华为公司不仅年销售额过千亿美元,现金流非常充足,而且在薪酬方面一直以来都是同行业中的翘楚。早在十几年前,华为就以高工资著称,当人们谈到华为公司的时候,出现次数最多的一定是工资。对于多数人来说,只要进入了华为公司,就意味着拥有高工资和高福利,就意味着自己已经在同一届毕业生中占据了优势。

而最近几年,随着华为的高速发展,以及华为公司知名度的不断提升,华为的薪酬也成了社会热议的一个话题,诸如几年前流传的人均年薪70万元,以及2019年网络上流传的人均年薪100多万元。这些数据并没有得到华为公司的证实,但多半和真实收入没有太大的出入。作为一家民营企业,能够给员工发那么高的工资,这就足以证明华为的实力,同时也表明华为公司的高薪酬的确是一块响亮的招牌。

在国内有很多企业同样有一定的实力,但是很少有企业会像华为公司那么大方,而这种大方不仅仅在于"华为非常有钱"的这种底气，还在于华为公司超前的、人性化的、公平的利益分配体系。早在多年前，任正非就意识到企业持续发展的动力不是人才，而是利益分配。好的利益分配机制是企业持续发展的动力，那么什么样的利益分配才是好的呢？关于这个问题，可以看看国内的很多其他企业：有的企业完全由企业家一人控股，所有资产都是自己的，高管和员工没有任何股份，只有固定的工资和适当的奖金；还有一些企业家会将自己的股份分一部分给高管以及其他投资人，但这种比例很小，为了实现控制企业的目的，他们基本上会将一半的股权控制在自己手中；另外一部分人也会将股份分给员工，但员工获得的股权比例很小，而且基本上只有很小一部分员工有幸拿到股份。

华为与这些企业不同，虽然是民营企业，虽然任正非名义上完全可以独占一切，但华为公司始终将薪酬管理与利益分配尽可能民主化。截至目前，任正非在华为公司中的股权比例大概只有1.01%，而其他人的股权比例为98.99%，在未来的一段时间内，任正非的股权可能还会进一步被稀释，要知道在数年前，他的比例还一直稳定在1.42%左右。除了让员工享受到公司发展的红利，华为公司多年来的营业额很高，利润也逐年攀升，保障研发和日常开支之外，任正非要求公司将大量的钱分给员工。当员工们获得了股权以及高工资之后，他们的工作积极性就会变高，在工作中的自觉性也会增强。

许多企业和企业家常常会为员工不认真工作而烦恼，会为员工丧失工作积极性甚至跳槽而苦恼，但最重要的一个原因恐怕是员工对薪酬不满意。对此，阿里巴巴的创始人马云曾经主动谈到了员工跳槽与工作状态不佳的问题，并特意针对这个问题说出了自己的想法：

"一、钱，没给到位；二、心，委屈了。归根到底就是一句话：干得不爽。员工临走还费尽心思找靠谱的理由，就是为给你留面子。不想说穿你的管理有多烂，他对你已失望透顶，仔细想想，真是人性本善。"

关于员工积极性丧失的问题，任正非也深有感触。当华为发展起来之后，任正非发现，很多老员工不愿意出国工作了，不愿意去一些条件艰苦的地方上班了，他们更希望留在国内，陪着家人和孩子。这些老员工之所以会产生消极的、懈怠的工作情绪，主要原因就在于他们对现有的物质激励已经失去了兴趣。公司要么给予更大的奖励，要么就在精神层面给予鼓励，同时也采取了优胜劣汰的绩效考核施加压力。除了老员工之外，新员工也对一些现象表达不满，他们认为很多老员工拿着更高的工资，却没有给企业创造更大的财富，没有做出更大的贡献，按道理说不应该占据薪酬优势。

内部出现的一些状况，让任正非更加迫切地意识到利益分配的问题，他在会议上多次表示，"钱分好了，管理的一大半问题就解决了"。对华为来说，如何把钱分到位的确是做好管理工作的前提，或者说分钱本身就是最重要的管理工作。"工者有其股"的民主分配方式、绩效考核以及相应的工资待遇无疑会让员工获得更大的满足感，会觉得自己受到了公司的尊重，而这有助于激励他们在工作中更加投入。其中，给员工更高的工资和收入，是对过去和现在的钱进行分配，公司会视员工的工作表现给予奖励。给员工股份，这既是对过去工作的肯定，也是将公司未来的钱拿出来分，只有企业家和员工对公司未来发展看好时，股权才会产生巨大的激励价值。

从经济学思维的角度来说，每一个人都有自己的工作动机，每个人都是有限的理性人，他们在生活和工作中会想办法满足自己的利益需求，这是一个最基本的出发点。企业不要总是妄想着让员工成为活雷锋，不要总是想着员工会在企业文化的引导下无条件地做出贡献，这样的想法实际上是对理性人的曲解，也是对人性的压制。一个成熟的企业家，一套成熟的管理体系，一定要懂得迎合与尊重人性，要懂得为员工的利益服务，要注意从员工的工作动机出发进行管理，而把钱分到位了，整个管理工作就会变得轻松。

员工贡献一定要大于成本

提到华为公司的员工,许多人往往会想到"名牌大学毕业""技术大拿""拥有独一无二的能力"。华为公司日益提升的国际影响力和知名度,使得"华为人"这个特殊的群体也成了一个热门词,大家都纷纷认定华为员工一定是最优秀的,一定是那些轻易就可以攻克各种技术难关的天才。加上华为人的狼性工作精神以及令人羡慕的高工资,以至于舆论往往会将华为人尤其是华为员工进行神化,认为这些都是站立在社会金字塔顶端的人。

对于外界的猜测和误解,任正非一直都主张低调处理。他觉得所有华为人包括员工和自己,都被外界神化了,其实都是一批普通人,都只是一些平凡得不能再平凡的人了。华为公司没有一个人是万能的,每一个人都在做普通的工作,都在过普通的生活。华为公司招聘并且留人的标准很简单,只要员工能够做出贡献,并且贡献大于成本就行。

任正非认为,一家优秀的公司需要人才,但不是盲目地将员工招进公司;个人对资本的贡献价值应该作为一个核心的考量方式,员工做出的贡献，一定要大于公司为其投入的成本，这样的员工才真正适合华为公司。在这里，任正非还特意从边际效用的角度出发进行解释，而且从公司的角度来说，当公司内部每增加一个人的时候，一定要确保能够在整体收益和边际效用上增加一部分增值价值，而不是减少。

管理学上有一个彼得原理，简单来说，就是指人们总是倾向于爬上一个自己无法胜任的位置上工作，而且这在公司里是一个非常普遍的现象。比如某个员工在财务工作上做得比较出色，可能公司就会安排他变成财务部的一个主管，这个时候，员工可能还能应付主管的工作；当他的工作表现还行的时候，可能公司又会安排他升任财务部的经理，此时这个员工会发现自己的能力可能无法从容应对经理岗位上的工作。对华为而言，有些人可能在原有位置上干不出好成绩，这些人可以寻找一个能够胜任的岗位继续做出贡献，甚至可以向下降到其他岗位上工作，从而确保自己的贡献能够匹配公司的成本支出。

任正非强调："不胜任现岗位要求，但劳动态度好的员工，如本人愿意降职降薪到较低级别的岗位上工作，并在较低级别岗位上实现贡献大于成本的，原则上可以继续留用。对于无法做到贡献大于成本的员工，要予以辞退。"在任正非看来，企业需要盈利，这也是资本运作的基本定律。只有贡献（创造的价值）大于成本，企业才能生存下来，整个企业的运作才会越来越顺畅，企业的规模也才能不断变大。对于任何一家企业来说，这是一个最基本的原理，也是企业发展的基本保障，毕竟，如果每一个员工的贡献低于成本，那么企业的每一次投入都会带来沉重的负担。

有家企业濒临倒闭，员工即将失业，其中一个员工问老板："请问，我们怎样才能不倒闭呢？"老板苦笑着说："很简单，只要每个人都确保自己所做的要比所消耗的更多就行了。"贡献大于成本，这是一句最朴实的话，也反映出了一个最基本的逻辑性定理，但是很多企业并不能做好这一点。

比如在彼得原理的作用机制下，企业经常对那些能力有限的人委以重任，而员工也会做一些自己无法实现的事情。又或者一些企业会在一些潜力非常有限的人身上注入更多的资源进行培养，导致资源浪费严重，而培养的员工没有多少价值。就像很多公司非常看重那些海归派一样，会花费大价钱招聘海归派，并且投入很大的资金进行培养，结果却发现这些人根本不适合公司，也无法给企业带来盈利，可以说企业的投资最终打了水漂。

还有一种常见的情况就是团队建设与管理不合理。企业只看重少数核心成员和能力突出的精英，却忽视了其他员工的配置和培养，结果少数核心成员创造了很大的价值，而更多的普通员工则给公司增加了大量的成本。如此一来，公司可能仍旧处于亏损状态。

对于任何一家企业来说，要想确保赢利，就需要对员工的价值进行考核与管理。在这一方面，华为做得非常到位。整个华为的业绩考核是非常严格的，对于那些价值、贡献低于成本的，往往在试用期就淘汰了。在正式工作中，这种考核同样会非常严格，不过并不是单纯依靠某一个月或者半年来评估一个员工的绩效与能力。公司会为那些正式员工设置一个期限，比如说一年或者两年时间。对于一些有能力的人，公司会设定一个长期的培养计划，将其未来投资收益当成贡献的一部分。

《华为基本法》中的第66条是——建立客观公正的价值评价体系是华为人力资源管理的长期任务。在这一条规定中，重点描述了华为的业绩考核制度的一些要求："员工和干部的考评，是按明确的目标和要求，对每个员工和干部的工作绩效、工作态度与工作能力的一种例行性的考核与评价。工作绩效的考评侧重在绩效的改进上，宜细不宜粗；工作态度和工作能力的考评侧重在长期表现上，宜粗不宜细。考评结果要建立记录，考评要素随公司不同时期的成长要求应有所侧重。

"在各层上下级主管之间要建立定期述职制度。各级主管与下属之间都必须实现良好的沟通，以加强相互的理解和信任。沟通将列入对各级主管的考评。员工和干部的考评实行纵横交互的全方位考评。同时，被考评者有申诉的权利。"

华为公司之所以会制定比较完善的考核体系，就是为了保证公司不会错过那些有真才实学的人才，同时确保公司不会在一些平庸之人身上浪费资源。毕竟，任何一家公司都是以赢利为目的的。如果一个员工不值得培养，也没有发展的潜力，那么就需要及时止损。

打造最优质的工作环境

2014年，华为公司斥资100亿元，在东莞松山湖南区的松湖花海景区旁边打造了一个总建筑面积约126.7万平方米、占地面积多达1900亩的终端基地。华为的一些部门搬迁到东莞新址，类似于华为大学、研发中心、中试中心等功能载体搬迁至松山湖，以此来带动华为的终端业务，而且整个基地容纳了3万名研发人员。

华为终端基地被称为溪流背坡村，它几乎被打造成了一个欧洲小镇，一共分为12个建筑组团。这些建筑具有典型的欧式风格，融合了欧洲建筑的精华，分别模仿牛津、温德米尔、卢森堡、布鲁日、弗里堡、勃艮第、维罗纳、巴黎、格拉纳达、博洛尼亚、海德尔堡、克伦诺夫的建筑风格。置身于这个基地，就仿佛置身于欧洲小镇，观光者、工作者可以在一天之内体验到几乎整个欧洲的建筑风貌。

华为之所以愿意花费巨资打造这样一个基地，一方面是因为东莞独特的地理优势（工业发达、地价便宜、环境幽雅），另一方面，任正非希望华为不是一家没有人情味的公司，不是一个工作场所，而是将工作与休闲结合在一起的多功能生活区间。任正非曾经前往欧洲考察，对欧洲人的技术研发工作非常钦佩，对欧洲人的工作精神非常赞赏，同时也对欧洲企业人性化的工作环境非常认同。他觉得企业雇用员工就应该为他们打造最合适的工作环境，让所有的员工都可以在工作中感受到快乐和放松，而不是整天感受压抑与烦琐，不是在一种杂乱无章的环境下消磨效率。像苹果公司和谷歌公司都拥有世界上最舒适的办公环境，其中谷歌公司的员工可以在花园里赏花、喝咖啡，也能带着宠物一起上班。

任正非一直希望华为拥有像苹果公司或谷歌公司那样的办公环境，拥有优雅的环境、舒适的办公场地，以及低密度的生活空间。而松山湖优质的山湖资源和人文环境，正好符合华为的工作理念，因此任正非毅然在松山湖打造了世界级别的终端基地。

事实上，华为公司的很多办公室，其装修风格都贴近欧洲，内部装修设计非常注重协调色彩、风格与审美的关系，努力用设计的方式去追求一种更为解放的态度，让办公室成为一个具有生活气息和充满活力的空间，这是生活场景化的一种重现。在这样的办公室中工作，人的心情会更加愉悦，会感到轻松和惬意，也才能找到办公室的价值和工作的价值所在。作为一家拥有十几万员工的大公司，华为不可能做到面面俱到，但是一直都在努力改善员工的办公环境。对于华为来说，把办公环境弄好了，让员工在工作之余觉得舒服惬意，员工才会激发出更大的工作能量。

当然，工作环境不仅仅在于优雅静谧的办公环境，还包括了良好的文化氛围，文化氛围又包含了合作文化、竞争文化、奋斗文化，以及内部人与人之间的各种关系（上下级关系、平级关系）。从某种程度上来说，文化氛围比单纯的环境氛围更加重要。在一个文化氛围良好的环境下工作，个人的价值会得到更多的认同和尊重，个人也会拥有更好的施展空间。在这一方面，华为公司做得非常出色，几乎是国内民营企业的标杆。

华为拥有一套非常成熟、完善的文化体系，而且华为的企业文化具有很鲜明的中国特色，比如中国人都比较勤奋，勤奋是整个中华民族的传统美德，也是中国得以快速崛起的一个基石。华为也是依靠强大的奋斗文化起家的，在整个华为公司内部，处处可以感受到奋斗文化的影响力。任何一个奋斗者都可以在华为公司找到自己的价值所在，任何一个员工都能够在奋斗文化中激励自己不断变强。

又比如华为内部的沟通文化，在华为公司，民主开放是一个重要的沟通原则，任何一个员工都有机会在内部网上发表自己的言论，都可以针对公司目前存在的一些问题进行讨论。公司的心声社区、《华为人》都是非常好的沟通平台。在内部管理和决策上，员工也有机会发表自己的看法。此外，公司拥有一整套完善的沟通体系，员工之间可以建立起一个高效的信息网，任何工作上的疑难杂症和需求都可以通过这些信息网快速得到解决。

在竞争合作方面也是一样，比如员工可以明显感受到内部合作的高效，无论是早期集中力量一起攻克技术难关和市场，还是如今日益完善的流程化操作，每一个员工都可以感受到华为公司的协作精神，这种精神能够将所有华为人紧紧地拧成一股绳。而竞争文化也是华为的一个重要特点，华为公司不仅对外拥有强烈的竞争意识，内部也有良好的竞争机制：每一个华为员工都处在高水平的平台上与高水平的同事竞争，每一个员工都会感受到内部淘汰的残酷与激烈，因此他们一直都在努力提升自己，都在工作中把同事们当作参照物，而这种竞争可以激发出员工更大的积极性。

在管理员工方面，华为公司一直都在努力完善企业文化，打造更加浓厚的文化氛围，确保华为人可以自强自立，可以培养更加正确的价值观，可以更好地将个人选择与集体利益结合在一起，可以更好地将个人的发展规划纳入企业发展的目标中。

而无论是办公环境，还是文化氛围，都显示出了华为公司"以人为本"的发展理念和管理理念，这才是华为公司得以快速发展的原因。

培训管理：让最优秀的人培养更优秀的人

1996年，任正非发表了题为《培训：通向明天的阶梯》的讲话。任正非指出："培训工作很重要，它是贯彻公司战略意图、推动管理进步和培养干部的重要手段，是华为公司通向未来、通向明天的重要阶梯。"在那之后，华为就将内部培训纳入企业管理尤其是人才管理的范畴之中。

这是华为走向伟大的一个重要步骤，因为在过去，有很多公司都在坚持拿来主义，认为公司需要人才的时候，只需要直接去市场上招人就行了，但这并不是一个企业能够持续发展下去并保持基业长青的秘诀。一个企业要想长久发展下去，就要有人才战略管理的想法，这种战略管理模式的第一步就是人才培养。

在某一次内部会议上，任正非重点谈到了内部培训工作的重要性："我更关注的是我们内部的培训，我就关心我们的15万人的进步，15万人进步了，我们就能打开这个天下。"那么如何才能让十几万人的队伍实现进步呢？任正非想到了一个办法，那就是让最优秀的人来指导培训工作，让他们为华为培养出一批更加优秀的员工，培养出一支能够适应甚至引领行业发展的人才队伍。

那个时候，任正非建议华为公司成立一个华为大学。华为大学主要做三件事情：第一是传承华为企业文化，确保华为人可以代代相承，可以将华为文化和华为人的奋斗精神流传下去；第二是能力的培训和提升，华为大学应该拥有技能培训的职能，肩负起员工技能培训的重担，帮助新员工适应华为的工作要求，帮助老员工进一步提升工作能力；第三要汲取知识资产，要明确华为公司的知识产权，要将工作中积累的经验和完善的技术发扬光大，用于培养并指导全员的行动。

为了确保华为大学可以真正培养出人才，为了确保华为大学在一个充满竞争的环境中生存下去，任正非提出了让其自负盈亏，有偿服务。所谓自负盈亏就是华为大学拥有自己的收费体系和运作体系，华为公司不会进行干涉，更不会提供任何贷款和补贴，所有的收支都需要华为大学自己控制和完成，正如任正非所说的那样："我对华大的政策是，你把钱消耗掉，把能力培养出来。我不会拨款给你们，因为拨款会用完的。你们从受益的学员中赚了钱，又投入为受益学员服务中去。"在这样的政策下，华为大学必定会更加努力地投入人才培训当中去。

而且让学校自己赚钱就使得华为大学必须采取有偿服务的策略，部门和员工如果有培训的需求，就需要主动支付一大笔学费进入华为大学深造。在采用收费模式之后，员工才会认真学、用心学，才会有紧迫感。而只有采取收费模式，学校才有能力提供更优质的教学服务，才能够保障教学者的信心，也才能够花钱邀请到最优秀的教师。

事实上，华为公司内部本身就实行末位淘汰制，那些表现不好、绩效落后的员工很有可能会被降职处理或者开除出去，因此很多人都希望可以在华为大学中得到提升。

有一年，任正非考察华为大学的办学效率，在得知华为大学收入越来越多、利润越来越多的时候，脸色一下子就变了，劈头盖脸就数落校长陈海燕："谁让你留利润的？都给我们花掉。"按照任正非的说法，华为大学不是一个营利机构，其最重要的目的就是培养人才，就是帮助员工提升能力，帮助企业培养出更加优秀的人才，因此最终的利润都是要回报在员工身上的。

此外，任正非要求所有的培训必须对标企业的现实操作，因此公司的培训并不是像学生一样单纯地学习理论知识，而是要走出校园去大前方参加具体的实践活动。关于这一点，任正非多次强调："新兵在战略预备队的训练也在后方，战略预备队和华为大学以考促训，新兵训练要像残酷的西点军校训练一样，天天考试、天天学打'枪'，一定要会开'枪'才允许上前线。"

而除了建立华为大学之外，任正非还将人才培养的重任分配到干部身上，干部的管理任务之一就是培养比自己更加出色的人才。2019年4月12日，任正非在CNBG（CNBG是华为公司三大业务部门之一，主要负责全球各大运营商的通信基站、网络部署等业务）誓师大会上发表了讲话，讲话一开始，他就说道："坚决走'精英、精兵、职员'队伍的建设道路，走内涵式发展方式。要加强贴近客户的一线人员的能力建设和提高他们的决策权力与职级。我们要激励一大批新领袖产生，我们的成功需要一代代的领袖。我们要有开阔的胸怀，敢于培养，善于选拔比自己强的人，也要信任年轻人，给他们机会。"

为了推动队伍的培训与建设，任正非建议华为公司将人才培养当成干部考核的一部分内容："公司也将把培训工作作为考核各级干部的重要指标之一，每个干部都应负有培训下级的责任。将来公司要建立各类干部标准，对将提拔的人进行资格审查。公司有了干部标准之后，大家自然就会重视培训。没有干部标准，就只能靠领导拍脑袋选拔干部。过去急需干部时，许多干部跑马上任，那是历史。历史是历史，将来要做资格审查，没有进行资格审查的干部要补资格审查。"当员工培训与业绩挂钩之后，干部对员工的培训和指导会更加上心，培训效率和培训水平也会得到提升。

在人才管理体系中，人才培训是一个至关重要的环节，而华为公司也投入了巨大的人力、物力和财力，确保华为可以打造自己的人才储备库，可以打造一个不断进步、不断更替的人才管理模式。这么多年，华为之所以可以从落后一步步走向领先，靠的就是人才，而人才资源的积累首先要从内部培训开始。

干部管理：防止烟囱式领导

很多公司会将管理局限在员工管理上，干部的主要作用就是管理员工，而华为是一个非常注重干部管理的公司，在华为人看来，只有管理好干部，只有培养了优秀的干部，才能更好地管理员工，也才能够培养出优秀的员工。华为公司对干部的管理非常严格，现有的绩效考核机制也大都针对管理人员，比如华为早期从美国西点军校引进了末位淘汰制，但是末位淘汰制度的打击面太广了，很多普通员工成了制度执行下的牺牲品，这样的制度有些过分残酷了。任正非在权衡利弊之后，收缩了这一制度的打击面，将原先针对普通员工以及干部的考核制度收缩为仅仅针对那些管理者，因为华为真正需要管理的并不是普通的员工，而是那些干部。只有淘汰能力不强的管理者，才能真正保证队伍的战斗力；只有将压力转移到管理者身上，他们才能够真正做好内部的管理工作，才能促使整个企业不断向前发展。

而在管理干部的时候，除了基本的绩效管理之外，还有一项重要的管理内容，那就是防止烟囱式领导。多年来，华为一直都在反对烟囱式的领导。所谓烟囱式的领导，就是指那些在工作中直接一条线升上去的人，像那些人力资源部门的一把手，往往就是从HR一路做起来的，这些人一直都在本职业务上工作，对其他业务一窍不通，尽管他们在人力资源管理方面有一定的经验，但是根本不懂业务，不懂技术，更不懂得供应链，在工作中缺乏配合度，工作效率并不高。

任正非始终认为，要想保障各岗位工作的持续性和进步性，要想实现内部人才的进化，就一定要加强各部门人才的新陈代谢。这种新陈代谢不仅仅在于淘汰那些在绩效考核中落后的人，不断补充新鲜的血液，还在于提升内部人员的流动性。比如过去一直都是强调研发人员专注于研发工作，市场人员专注于营销工作，而现在华为提倡岗位上的流动，将市场部和研发部结合起来，很多研发人员是从市场岗位上调过来的，一些市场营销人员也是从研发人员那儿调动过来的。按照任正非的设想，一个研发人员要想研发出真正适合市场需求的产品，不能闭门造车，专门停留在技术层面上，而应该在市场营销的工作中切实地感受市场的变化，争取在第一时间把握商机。营销人员也是一样，华为主张从研发部调动人才进入市场部，这样一来，市场营销人员在与客户进行沟通的时候，在进行产品营销和宣传的时候，就能够表现得更加专业一些。

除了在各个部门之间进行人员调动之外，相关工作人员在整条生产线和销售线上也要进行流动。比如华为就要求2012实验室的研发人员和整条产品线之间必须产生流动，其中2012实验室负责研究和孵化新技术，产品线负责开发，产品线的人在开发过程中不能对研发方案进行重新理解和分析，这样不仅费时间，而且也容易产生一些误解和分歧，只有让那些了解技术和产品的人一同研发，才能够保证研发效率。

　　华为公司一直都在积极推行岗位轮换制，某一岗位上的员工，需要每隔一段时间就轮值到其他岗位上工作，接触新的业务，吸收新的理念和方法，总结新的知识。内部人才的调动尤其是干部的调动更要做到科学合理，要激活整个部门的人才，不能在一个蓄水池里越养越懒散，越养越没有活力。

　　人员的调动始终是为企业的发展服务的，也是个人发展的一个重要方式。华为公司中的很多优秀干部都是通过岗位轮换的方式成长起来的，比如毛生江在1992年进入华为，在之后十几年的华为生涯中，先后在8个部门工作过，职位也高高低低变动了8次，作为早期的骨干力量，他先后担任过华为研发部经理、生产部总经理、终端事业部总经理、华为电气副总裁、华为山东分公司总经理、华为市场部副总裁、华为国际营销部副总裁、华为高级副总裁等一系列职务，而每一个不同的职务都代表了不同的岗位和业务。

　　任正非对企业中的一些传统管理理念和管理模式非常了解，对其中的一些弊端更是非常清楚。烟囱式的领导不仅仅工作能力单一，竞争力下降，而且在管理方面容易形成小团体主义和山头主义，导致内部滋生严重的腐败现象。任正非希望给干部队伍注入一些活力，让所有的干部可以在一个流动的平台上锻炼自己，可以在岗位轮换制度中获得更好的成长机会。

　　为了确保内部人员的流动性，华为和任正非还提出了一些非常有效的人员安排方式，将员工的职业安排与队伍的发展需要、团队的攻坚方式结合在一起。任正非在最近几年的一次内部会议上明确表态：

"最近我在CNBG谈到人才结构：改变战斗队伍的排列方式，形成'弹头+战区支援+战略资源'的队形。让'将军'排在面对客户的最前列，实行'将军+精兵'的结构，增强前方的项目决策能力和合同关闭能力；让有经验、有能力、善于'啃骨头'的中低职级的骨干进入战区支援；让领袖与低阶少壮派进入战略资源及干部后备队。

"我认为，攻坚部分应该是'将军'带一批有经验的人上战场，在区域部分应该是有经验的中青年，到战略资源部分应该是最高级精英带少壮派，形成这三层'军团'。急于打仗的地方为什么不让'将军'去，'将军'总藏在办公室里有什么用呢？对于成熟产品和成熟技术的销售、商务管理、服务，要逐渐本地化，把中方员工抽到'野战军'来，成本也就降下来了。"

这种战斗队伍的重组与战斗结构的改变，都彰显出了华为公司在管理人才尤其是管理干部方面的出色理念，它们有效提升了华为干部的工作效率，也提升了干部队伍的整体素养，为华为公司的发展奠定了坚实的基础。

让所有人做好本职工作就是参战

华为是一家奋斗型的公司,公司的奋斗文化、奉献文化以及凝聚力都是一流的,只要公司有什么需求,就可以迅速调动十几万的队伍参与攻坚,而华为人也愿意为公司的发展奉献自己。不过,随着华为的发展,公司的管理趋向于精细化和流程化,不再像过去一样动不动就动员整个部门或者整个公司的力量去做某一件事,而是更多地考虑全面发展,更多地考虑管理中的成本和效率。任何行动都需要从一个整体来考虑,而不是盲目地集中资源行动,尤其是当华为变成一家知名跨国公司的时候,更需要按照流程来运营,公司对员工的要求也会更加严格。

最近几年,任正非反复强调了要让员工做好本职工作,让最合适的人出现在最合适的岗位上,让最合适的人产生最大的价值。比如在2019年的一次内部会议上,任正非对公司的人才任用模式进行了总结:"现在公司处在危亡关头,第一是号召大家立功,第二是尽快把优秀人员选拔上来,增加我们组织的'活血'。每个职能部门、每个代表处都要想一想,如果你认为自己不适合这个岗位,可以下岗让道，让我们的'坦克'开上战场；如果你想上战场，可以拿根绳子绑在'坦克'上拖着走，每个人都要有这样的决心！绝大多数员工应心静如水，做好本职工作就是参战。"

在他看来，让每一个员工在合适的岗位上奋斗，这就是在为公司做贡献，就是在为公司的竞争出力；员工需要按照自己的实际能力来选择工作，不要为了上战场而上战场，不要为了满足自己的发展需要而破坏整个部门乃至整个公司的化学反应。在一些特殊时期，可能会出现人人请战的局面，可能会有更多的奋斗者希望冲到前线去拼搏，希望可以去海外市场为公司多做贡献，希望可以把握住更多更好的发展机会。但公司会酌情进行考虑，并按照实际能力做出安排，只有真正有能力且专业匹配的人，才能被安排到那些岗位上。至于其他人，应该在原来的位置上做好本职工作，这才是对公司最大的帮助。

不仅如此，华为公司还一直都在强化人职匹配的管理模式，争取让每一个员工被安排在最能发挥价值的岗位上，让每一个员工都可以在适当岗位上做出贡献。对于那些没有能力做好本职工作的人，要么轮换到其他岗位上，要么降职处理或者直接离职。不过要想做到人职匹配，不仅仅是一个口号，还需要相应的体系。

任正非要求公司内部一定要建立清晰、稳定的职员队伍，其中多达95%的确定性工作一定要让职员来承担，并且所有的任务都要保持顺畅，各个部门以及整个公司应该像高铁运行一样保持高速运转的状态。为了保证这样的高速运行状态，公司内部的所有职员必须按照以下几个要求做事：

首先，所有职员对本职岗位要进行充分理解和分析，了解整个流程，并了解自己的工作内容以及相应的责任。员工需要明确知道自己应该做什么，应该做多少，什么时候做，为什么要做，和谁一起做，在哪里做，怎样去做；所有的工作内容均按照规程和指令来操作，而每一个职员最终都要根据工作量大小、差错率等方面来确定具体的职级和待遇。

其次，职员需要对工作负责，而不是完全对工作结果负责，在操作的过程中可以按命令的符合度承担责任，没有必要事事都请示上级，没有必要什么事情都等待上级的决策和命令，职员要有自己的判断力和执行力，要能够承担起工作中的一些决策权，争取将沟通成本下降。此外，员工的职位要坚持本地化，尽量让员工处在一个熟悉的、舒适的工作环境中，不要总是将本地职员调往外地，那些制造不便的岗位循环流动能免就免。

最后，职员可以有岗位津贴、工龄津贴，来解决岗位职级封顶后的一些问题。而在考核中，职员只实行绝对考核，而不实行相对考核。对于那些工作稳定可靠的职员，公司要适当放宽工作年限，允许他们工作到60岁，不要死板地执行年轻化的政策，要具体问题具体分析。在俄罗斯代表处，公司就设定了一个试点，建立一个比较新颖而完善的职员体系，确保职员的基本利益得到保障。

公司一直主张通过员工岗位任命和工作安排来牵引员工承担工作责任，做出应有的贡献。公司每一年都会例行考核人岗匹配的情况，通过审核员工的贡献、绩效、责任心来安排和调整员工的工作，争取把合适的人用在合适的岗位上，尽量防止有人滥竽充数，也防止有人怀才不遇。

在华为公司的人才招聘环节，公司一度采取了让员工自主选择岗位的策略，员工可以质疑公司安排的职位，然后上报公司自己想要做什么。这个时候，公司会将员工安排在自己选择的新岗位上工作一段时间。如果员工工作做得非常好，那么就证明员工的选择是正确的；如果工作业绩始终不见起色，那么就要接受公司原来的安排。很多员工都表示自己当初就是在反反复复的尝试中了解到自己最擅长做什么，自己在哪些方面是具有价值的。

当所有人都找到了合适的岗位，公司就会按照流程进行规划，让流程上的所有人各司其职，做好自己的分内之事，这样就会在流程协作体系上充分发挥出自己的价值，并且为公司做出更大的贡献。

一线人员的晋升速度要快于支援保障人员

如果对华为公司的团队进行划分,那么可以简单地划分为一线人员和支援保障人员。这是两支功能不同的队伍:一线人员是冲杀在前的勇士,他们的主要任务就是攻占更多的市场,就是保持强大的竞争势头,为公司开疆拓土,壮大公司的影响力;而支援保障人员顾名思义就是为一线人员提供后勤保障、技术保障的,主次分明。

在双方合作期间,一线人员会不断要求支援保障人员准时、准点、准量把资源送到指定地点,若达不到要求,公司就要追究支援保障人员的责任。

这种职能分配模式,是华为公司中的一个重要管理模式,那就是按照军队模式来打造团队。任正非本人对奋斗在一线的工作人员非常看重,觉得这些人决定了华为未来的发展,是真正影响到华为生死存亡的主力军,因此他一直都在强调要保证一线人员的利益:

"将来一线人员的晋升速度要快于支援保障人员。主战队伍晋升快、拿钱多,但他冒的险大,如果做不好项目,不仅没有奖金,弟兄们还会推翻他。军队为什么主战升职快?是因为牺牲多、空缺多。所以，我们要有正确的价值评价体系，让一线人员有一种光荣感、自豪感。以前干部评价体系总是横向一看'谈吐尚可、行为较佳'，然后拍拍脑袋就升官了，这是一种不公平的晋升机制。现在为什么年轻人踊跃上战场？因为只有上战场才能建功立业，才能有机会在二三十岁当上'将军'。当然，支援保障队伍中也有升官的，做得非常好。"

对一线人员的看重，实际上体现出了华为公司"以奋斗者为本"的理念，因为华为本身就是一个看奋斗、看绩效说话的公司：谁的贡献最大，谁在公司获得的利益也就越大，谁受到的关注也就越多。虽然华为一直都在极力打造一个更加公平的环境，但正如任正非所说，绝对的公平是不存在的，资源必定会向那些有能力的人倾斜，必定会向那些贡献最大的队伍倾斜，这是企业发展的必然。如果华为没有注重保障一线人员的利益，没有给予奋斗者应有的尊重，那么整个一线人员很快就会锐气全消。

比如专门负责芯片研发的海思，在2019年成了华为公司给世界带来惊喜的另一个成果。很多人都曾设想过让海思独立，将其培养成一家出色的公司。当时华为内部也有很多这样的声音，大家都觉得让海思独立出来，可以确保华为公司的进一步壮大，海思在未来会承担起在市场上的攻坚任务，甚至成为一家伟大的公司。可是在任正非看来，海思是不可能独立的，因为它不过是一支支援保障队伍。任正非对它的定位非常明确，就是主战队伍里的加油车、担架队、架桥队，它不是主战队伍，只能无条件地服务于一线岗位，因此根本没有任何理由独立出去。

华为的运营商业务（网络连接部门）才是主战队伍，这个部门将来在公司的收入不一定最高，毕竟网络连接领域的产值是非常有限的，华为的运营商业务不可能会无限增长下去，也不可能真正做出一个垄断性的超级业务，但将这块业务做好是具有重大意义的，这是华为争夺战略高地的强大依赖，美国就是因为不具备争夺战略高地的能力，才会处处使用政治手段打压华为。对任正非来说，华为不能因为钱而放弃这项业务，其他部门和业务可能会挣到更多的钱，但运营商业务却代表了华为的最高生产力，它就像华为公司放出去当长工的儿子一样，赚了钱回来养活整个华为，这样华为才能成为世界第一。

从最初的交换机业务，到如今的5G业务，再到未来的6G业务以及人工智能，负责运营商业务的网络连接部门始终是华为的主战队伍，始终是华为最为倚重的先锋。这样一支队伍决定了华为在市场上的表现，决定了华为能否占领技术制高点，并长久保持市场竞争优势。任何一支保障队伍都需要优先满足主战队伍的发展需求。

正因为如此，一线人员在薪资和晋升方面应该具有更大的优势。在华为公司内部，无论是国内市场还是国外市场上的主战队伍，他们的薪资水平都要比支援保障队伍的更高，他们更容易获得晋升的机会。为了激励主战队伍在市场上拼搏，华为制定了很多优惠的条件，比如在2018年11月3日的四季度工作会议上，任正非就特别强调：各级部门的干部和主管，都要从一线人员中选拔；以后的轮值董事长、接班人，均从一线人员中成长。这样的表态无疑进一步强化了主战队伍在华为公司的核心地位，对于员工的进步和公司的发展是一针强心剂。

华为从来不用完人

在某一次采访时，主持人提到了完人的话题，觉得任正非就像一个完人。对于这一点，任正非坦言自己并不是完人，也不喜欢完人。在公司用人的原则上，他重点强调了"绝对不会聘用一个事事追求完美的完人""华为从来不用完人，如果一个人总是追求完美，就知道他没有希望"。在任正非看来，一个完美的人本质上就是一个没用的人，他将自己包装成一个没有什么缺点的人，那么他的精力也就无法集中用来提升自己的优势，这样的人看起来各个方面都很均衡，其实根本没有什么优势可取。一个人如果有缺点甚至缺点很多，那么公司在用人的时候就可以好好观察一下这个人，看在哪方面能重用他。

如果仔细观察，就会发现，在华为的人才管理体系中，始终重点把握那些拥有某一特定技术优势的人，把握那些拥有出色个人能力的员工，将所有有优势的员工集合在一起，打造一个强大的团队，而不是让一堆完人聚合在一起。这种追求极致与聚焦专业的人才观确保了华为能够在专业领域越做越好，越做越强，越做越大，并且对以美国为首的西方国家形成了巨大的压力。

许多人曾经对任正非谈过木桶理论，谈过公司的长板与短板是什么。木桶理论认为，一个木桶能装多少水，取决于木桶上最短的那一块板，哪怕其他的木板再长，木桶里的水也会受到短板的制约。木桶理论也叫短板理论，这个理论主要是强调均衡思想，强调企业或者个人对劣势和不足之处的补充，以免在竞争中被对手抓住弱点。

但是在任正非看来，短板理论更适用于工业时代，在全球互联时代，并不适用，因为随着竞争日益激烈，企业或者个人要想脱颖而出，就需要想办法凸显出自己的优势，如果执着于搞均衡，执着于想办法弥补自己的短板，那么将会造成资源的全面浪费。任正非一直都在反对盲目的补短板行为，在他看来，任何一个企业或者一个人没有必要将所有的缺点都消除掉："我就是最典型的，就是短板不行。我在家里经常太太、女儿都骂，这个笨得要死，那个笨得要死。我这一生就是说短的，去你的，我不管了，我只做长我这块板，让我再拼一块别人的长板，拼起来不就是一个高桶了？"任正非提出了要抓住长板来发展的理论，因为在现有的市场中，长板才是决定发展的关键因子。

在木桶理论中，木桶的盛水量取决于最短的那块木板，但这里有一个前提，那就是木桶是放在平地上的，一旦木桶放在一个斜坡上，那么决定木桶的盛水量的就可能不再是那块最短的木板，比如当木桶的最长木板在木桶倾斜的下方时，整个木桶就可以盛下更多的水，这个时候决定木桶盛水量的因素就变成长板了。有人因此提出了一个新的木桶理论，也就是斜木桶理论。老式的木桶理论代表了常规环境下的博弈策略，而斜木桶理论则是不规则条件下的博弈策略。很显然，新木桶理论更加贴合现实的市场环境，因为我们所接触的就是一个不规则、不完善的市场，它没有完善的游戏法则来支撑和管理，就像一个斜坡一样。参与者只有想办法凸显出自己的优势，才能在这个斜坡上站稳脚跟，才能让自己获得更大的成长空间。

任正非认为华为公司就处于一个不规则的市场中，在这个不规则的市场环境下，华为公司以及每一个华为人都要善于制造一个斜坡，然后在斜坡上发挥出自己长板上的优势。比如对自己的人生进行总结，发现自己最大的特点就是善于挖掘和充分发挥自己的优势。比如说任正非一开始的英文还不错，在大学期间是外语课代表，并且还曾简单学习了日语，不过在进入部队之后，外语就生疏了。在出来参加工作和创业之后，他虽然意识到了外语已成为自己身上的一个短板，应该重新拿起来，可就在这个时候，他发现语言天赋并不是自己身上最大的优势，自己真正最擅长的是对逻辑及方向有很强的理解能力，这些优势远远高于自己对语言的修炼。于是，他放弃了练习外语，将更多的精力投入逻辑能力的培养和强化上，而这样的选择直接改变了他的一生，也为中国打造了一个强大的民营企业和民族品牌。如果当时花费精力去学习外语，那么任正非也许会成为一个外语老师，成为一个出色的业务员，或者市场部经理，但绝对没有现在这样成功。

从个人发展的角度来说，寻找并将自己置身于一个斜坡上，这是华为人需要重点考虑的事情，也是任正非对所有华为人的谆谆教诲。任正非不希望员工将大量的精力花在如何完善自己的弱点上，而要重点发展和提升自己的优势，善于研发的就要继续在研发领域学习和奋斗，善于搞市场的就要努力在市场营销中接受锻炼，善于物资调配工作的人，就要想方设法提升自己的调配水平。此外，任正非一直都希望公司可以帮助员工挖掘并发挥出自己身上的优势，并为员工提供一个强大的施展平台，这样才能够帮助员工提升自我。

祛除平庸，打造能打胜仗的干部队伍

2019年3月19日，任正非在总干部部务虚会上发表了讲话，其中特别提到了干部队伍素质的问题："我们的目标是胜利，唯有优秀的干部队伍（才行），如果干部队伍不优秀是一定会被打垮的。干部队伍的整改若没有达到目标，就不能保证业务部门的整改达到目标，那么我们就可能满盘皆输。有人说我们战斗到最后一滴血，那是苍白的，是没有用的，唯有胜利才是真正有说服力的。为了胜利，只有激发这个队伍。有一个名人说'堡垒是最容易从内部攻破的，堡垒从外部被压力加强了'，现在我们公司是更团结了，战斗能力更强了，改革的阻力减小了，实际上是外部压力给了我们机会，我们要借此机会，把自己变得更强。管理部门的责任一定首先是要选出优秀的员工，选出英雄来，选出领袖来。

"对于招聘工作，首先要批评你们HR，有些在世界大赛中多次获奖的人被我们淘汰了。你们不知道什么是优秀的人，为什么不让科学家去招聘科学家，专家去招聘专家呢？HR应搭好服务平台，提供专业方法，别把自己当成了权力部门。管理干部的人一定要有洞察能力，一定要勤学苦练，不要满足自我掌握权力，要有通过成就他人来成就自己的胸怀。

"随着我们管理体系的改革，我们就能够铲除平庸。祛除平庸不能简单地拿员工来凑数，我们再次强调，没有平庸的员工，只有平庸的干部。祛除平庸关键在于祛除平庸的干部，尤其是平庸的AT成员、平庸的AT主任。"

2019年8月20日，任正非对此前在CNBG上的讲话进行强调，认为人才提拔要灵活，责任结果导向是前提，素质导向是基本保障，这样才能真正把优秀人才提拔到合适的位置上来。

这些讲话其实都指向了一点，那就是华为的队伍建设问题。为了应对日益激烈的竞争环境，为了华为继续保持行业第一的增长势头以及竞争优势，华为需要对队伍进行改革和完善，需要想办法打造一支具有更高战斗力的干部队伍，这支队伍必须能打胜仗，必须要打胜仗。在过去一段时间，华为都将重心放在员工队伍的建设上，觉得只要自己多招聘有能力的员工，就可以提升竞争力。但如果没有高水平的管理，队伍就无法形成凝聚力与战斗力，所以华为还必须投入精力来打造一支能管理、能打仗的干部队伍。

关于干部队伍的建设，任正非一直都比较在意，比如要求干部必须在一线中选拔，要求干部必须强化员工的培训，甚至将培训纳入干部的绩效考核中，而且干部的晋升通道一直都比较严格，末位淘汰制更是为干部量身定做的制度。可是竞争越来越激烈，干部的改革必须快速推进和完善。

2019年的7月31日，任正非就在内部会议上强调华为不能苟且地活下去，必须要在3~5年时间里完成队伍的改造，争取在火线上选拔优秀干部，在战壕中提拔优秀干部，尽可能在短期内建立一支具有强大战斗力的精兵队伍，在战斗中进一步锻炼他们，消除身上的那些缺点。华为要用3~5年时间完成人员的思想建设、组织建设以及让优秀员工走向合理的岗位，打造一支战无不胜的队伍。

为什么华为和任正非会迫不及待地想要快速建设一支强大的干部队伍呢？最直接的原因就是美国在5G问题上对华为的刁难和打压，甚至还实施了制裁，这让任正非更加紧迫地意识到现实的危机，因此必须尽快实现干部队伍的转型，让一大批有能力的人来挑大梁，提升华为的管理水准。而根本原因在于，任正非意识到原有的干部或多或少还存在一些旧时代（工业时代）的管理习气，还存在一些过去老干部的习惯和思维，这些老的东西可能会阻碍华为的进步，会阻碍华为内部相关资源的有机整合。比如很多干部对人工智能的相关情况并不了解，很多干部缺乏革新的魄力，很多干部还不习惯于面向国际市场，很多干部则不舍得放权和分权。

一个强大的团队、一支强大的队伍，是离不开优秀的干部的，而评价优秀干部的基本标准就是能打胜仗。那些能够在国际市场上带领华为实现突围的干部，那些能够在项目攻关中带领队伍克服困难的干部，那些在危机到来时可以带领队伍抵御风险的干部，往往才是真正的人才，才是华为走向国际化并且占据市场优势的保障。

第二章

组织机构管理：
保持流程的高效

"不产粮食的流程是多余流程"

曾经有人问丰田章男为什么要在工厂里大量使用机器人、机械手，丰田章男回答说："我的第一诉求不是省人，哪怕人没有成本，也做不出来机器人的质量，机器人的效率特别高，不良品率极低。"在这里，丰田章男认为工人的工作效率是有限的，而机器是依靠流程来工作的，效率非常高，因此最好的方式就是用流程系统来安排人力，它可以将业务运作推上一个大台阶。事实也是如此，流程往往可以将人才的智慧发挥到一个高水平上，可以安排人去做更有价值、更有创造力的工作，至于那些简单的重复的工作可以交给机器去完成，让流程来安排一切无疑是明智的选择。

正因为流程的高效率，很多公司都在努力建设并完善自己的流程。流程建设不仅是把那些员工代表解放出来，而且是把所有人都解放出来。它的本质不是抢走多数人的饭碗，而是让更多人体现出自己的价值，所有人的价值都会得到展示的空间，所有的人都可以从原本那些海量的、低价值的、重复的、烦琐的工作中解放出来。而要想提升公司的流程运转效率，就要懂得精简流程，消除不能创造价值或者价值创造重复的流程。

在过去几年里,华为公司的业务越做越大,尤其是公司在质量与流程IT方面的发展有力地支撑了公司业务的高速发展,并取得了丰硕的成果。比如公司建成了足以覆盖全球业务的完整网络体系,还构建了8个100ms业务圈,建立了IT服务质量承诺,此外在全球范围内部署了客户云、知识云、解决方案云,通过体验式的营销来吸引更多的新老客户。当然,公司在强化业务推广的时候还能够接受全球客户的业务监督,这些都是非常了不起的。

2016年的一组数据能够体现出华为在质量管理与流程IT管理方面的优势:区域站点存货盘点率100%,中心仓存货的账实准确率达到了99.89%,站点存货的账实一致率为98.17%,业务对流程IT满意度达到87.22分(历史最好),IT需求端到端交付周期下降到原来的三分之一。这一系列的成就都凸显出华为公司的业务能力以及业务交付能力达到了世界最先进的水平。

此外,公司此前存在贷款记录不够清晰、超长期库存以及超长期欠款的现象,很多员工在处理客户欠款时,连最基本的合同和欠条都没有找到,导致很多预备金和欠款不了了之,给公司造成了很多的损失。而这些问题现在都得到了合理的解决,公司总体上朝着好的方向发展和完善。但即便如此,华为仍旧存在一些问题。这些问题主要来源于不合理的组织结构,一些多余的组织、多余的流程、多余的沟通层级和决策层级影响了流程的高效运转。

在多个场合下,任正非和其他高层领导都强调了华为要进一步推进组织变革,这既是现实发展的需求,也是未来发展的需求。华为公司的要求是简化流程，消除不必要的流程，确保整个企业能够轻装上阵，可以在更少的流程上运转。任正非曾经提到了一句话："每增加一段流程，要减少两段流程；每增加一个评审点，要减少两个评审点。"意思就是要求组织在完善和变革中必须消除多余的流程。

对于这样的要求，任正非做出过解释："我们的队伍必须有战斗力，要聚焦以一线人员为中心，做能打硬拼的战斗部，建立有序有力的组织队列。我们的领军人物一定是要有战略洞察力、结构思维能力，有成功实践经验的优秀'全科医生'。为此，组织要去除不必要的流程，减少决策的层级，减少协调，减少会议，减少队列中的非一线人员。不这样改革，我们不能生存，组织建设一定要有利于攻坚，有利于胜利。过去我们在组织建设上，太强调组织功能的完整性，对准了组织功能齐全。这样的建设，逐步把各个组织建成了小而全的封闭堡垒，非生产人员的比例过大，一线人员太少。我们现在要求，所有组织建设要对准目标，多产粮食，增加土地肥力，必须去除一些不必要的组织结构及流程。过于完美的结构与流程，可能不利于攻克高地。"

因为流程是用来产生价值的，如果价值产出不高，甚至没有什么价值，那么这个流程就可能是多余的，或者至少应该进行改革。华为过去一直都在寻求变革，也在积极做出各种尝试，而且积累了丰富的经验，也有了一大堆的数据作为继续变革的依据。比如公司可以重点查看一下过去几年时间里，哪些流程的使用量最大，哪些流程的使用量最小，存不存在一些没有使用量的流程环节；对于那些没有多少产值甚至没有产值的流程，公司可以尝试着压缩带宽供给以及人员投入，减少成本。如果能够维持正常运转，那么带宽和人员供给还可以进一步减少，甚至只留下一名工作人员负责管理。

　　任正非认为，组织变革和简化流程不能简单粗暴地以使用量多少作为标准，一些基本的流程变革还是应该看重具体的需求，如果还有少量需求，可以看看这些需求能否并入其他流程当中，以免引发流程断裂，对整个工作体系造成严重影响。而且所有的流程简化都是循序渐进的，不能大刀砍向哪儿，哪儿就要进行改革，流程变革本身需要一个过程。

　　事实上，华为公司最近几年为了提升沟通效率和决策效率，一直都在强调让决策权不断向一线队伍倾斜，与此同时还压缩了层级结构，将很多中间部门取消了，实行扁平化的管理模式，确保整个工作流程更加高效。对于华为来说，只要影响了效率，只要无法提供更高的与业务、流程相匹配的价值，那么就有必要进行简化处理，而这些操作与流程简化在目标上都是一致的。

完善组织结构，消除流程断点

在管理变革中，任正非多次强调了组织内部的一些问题，而最多的问题就是信息沟通不畅。按照任正非的说法，公司内部的组织结构还存在一些问题，导致内部的信息流通经常受阻，这种受阻往往是组织结构的低效引发的，比如组织结构臃肿导致的信息流通中消耗太大、效率太低，还有一种就是流程断点的存在。其实一家企业往往与河流一样，如果河流中出现了淤堵的现象，那么就会形成一些小规模的断流点，这些断流点会严重影响河流的运行以及人、物资的运送。在企业中，情况有时候可能会更为复杂，由于一些组织结构的设置和安排不合理，导致某些流程上出现一些信息断点，重要的信息无法从流程上传达下去，长此以往，公司的运转就会受到很大的影响。

华为公司经过了多年的发展，已经取得了举世瞩目的成就，这些成就不仅仅取决于技术的进步和管理水平的提升，还在于组织结构的完善。在过去很长一段时间内，华为在组织结构方面一直都存在一些问题，使得信息流经常会出现断点的情况，导致整个公司的反应和行动非常缓慢，行动的效率也比较低。虽然公司一直都在强调流程，一直都在努力完善内部的流程，可是由于流程断点太多，使得内部的信息流损耗很大。为了改善这种情况，任正非直接提出了组织变革的要求，强调要完善组织结构，改革那些不合理的架构，疏通流程断点，让内部形成一个完整的顺畅的信息流通道。

那么华为究竟是如何做的呢？

——聚焦主航道

在打通信息流的时候，任正非强调华为公司一定要聚焦主航道，打通以合同信息流为中心的信息通道，工作人员必须确保从合同生成到交付回款整个过程中的信息沟通顺畅，其他一些优化模块、能力模块，可以先搁置一边。现在企业网流程基本上都打通了，而那些经营了几十年的系统反而无法打通，就是因为系统并没有聚焦在主航道上，很多无关紧要的东西都往主航道上放，反而阻碍了主航道信息的运转。按照任正非的说法，流程一定要支持主航道上的主干体系，在这个体系上应该多提拔那些优秀人才，打通主动脉，然后再来疏通一些支干和小渠道。如果主航道没有疏通，那么就会出现淤堵的情况，流程的断点就会出现，支干上也容易出现信息阻塞。

——强化问责制

流程始终都是依靠人来管理的，无论是消除多余的流程，还是消除流程断点，都要依靠人进行管理，而管理水平的高低直接决定了流程能否顺畅运行，所以华为公司强化了内部的流程问责机制，要求流程上的每一个参与者都要对自己的工作负责，都要对自己管辖范围内的流程运作和信息流负责。

比如任正非认为华为公司在一些信息流受阻的环节上需要强化

问责制，只要有什么流程没有使用量，或者使用量很少，又或者产生了重大的阻碍和消耗，就要对相关负责人进行问责。而问责的前提是让流程上的每一个参与者熟悉自己的工作内容，明确自己的任务和责任，强化自己的工作意识，确保信息流的每一个环节得到基本的保障和维护。

——消除流程断点，完善微循环

主航道是产生和运输信息流的主要通道，但是主航道一旦出现淤堵和断点，那么就容易产生比较大的影响。早在2016年的时候，任正非就在内部座谈会上谈到了内部流程断点的问题："目前公司的架构流程乱、数据断点多。甚至有些业务流程，操作人员要跳过四五段流程，才能达到最后目的。举一个例子，以前深圳有很多断头路，之所以堵车这么厉害，是因为没有微循环，后来交通改革打通了断头路，让一些车辆不用绕到主干道上，交通就比原来通畅一些。现在我们公司的流程也比以前好了一些，但还要精简无效流程，让减下来的人员集中精力去打通'断头路'。重点打通合同信息流，目前合同中的配置数据、价格数据依然存在断点。"

除了消除流程断点之外，任正非认为华为应当建立自己的微循环系统，简单来说，就是在主动脉、主航道流程精简的过程中，适当完善毛细血管。在面对流程断点的时候，不能总是自己希望打造一个强大的主航道，公司还需要开辟更多有效实现分流的辅助型流程，这也是完善信息流结构和组织流程的重要保障。

对组织结构中的流程断点进行修补，强化了微循环系统，使得信息流更加顺畅，对企业的发展起到了积极的促进作用。华为公司多年来一直都在完善企业内部的组织结构变革，在1995年之前是直线职能型组织结构，当时的公司组织结构简单，权力非常集中，能够迅速统一调配资源参与到市场竞争当中来，并且具有很强的市场反应能力。

1996年到2003年，是事业部与地区部相结合的二维矩阵式组织结构。由于这一时期华为快速发展，走向产业内多元化发展道路，原有的直线职能型组织结构无法满足发展的需要，组织变革迫在眉睫，这个时候职能部门必须走向专业化，很多职能部门需要独立出来。

2004年到2012年，变成了以产品为导向的矩阵式组织结构，确定了"以代表处系统部铁三角为基础的，轻装及能力综合化的海军陆战队式"攻坚队形，决策权开始向一线倾斜。很快，员工就形成了由客户经理、解决方案专家、交付专家组成的工作小组，组成了一支面向客户的铁三角行动单元。

2013年至今，华为开始采取动态的矩阵式组织结构，形成了运营商业务、企业业务、消费者业务三大业务体系，而且在未来依然会保持矩阵式组织结构。一般情况下，这个组织结构中的基本业务流程保持相对稳定；当企业遭遇外部环境的挑战时，这个网络就会收缩并叠加，岗位和人员开始精简；一旦环境变好，网络就会打开，岗位与人员也会进行扩张，以迎合企业发展的需求。

这些组织变革的最终目的都是为了提升工作质量，提高企业内流程的运作效率。通过组织变革与流程再造，华为人打通了所有的流程断点，成功将公司推上了全球化的轨道。

打造权力与制度的制衡机制，提升权力的效用

在早期的管理体制中，内部的拉帮结派、贪污腐化现象比较严重，大大小小的山头非常多，尤其是随着华为的发展，人员大幅增加，管理层级也开始不断增多，高层管理者无法像过去一样严格把控好管理工作，一些管理权力不得不下放到更多中层干部和基层干部手里。当权力被迫下放且无暇进行全面管理的时候，华为内部的不正之风开始爆发出来。这严重阻碍了企业的发展，也让一些真正有能力的人无法得到施展的机会。任正非对此深恶痛绝，意识到如果继续放任不管，将会直接导致内部管理体系的崩溃和队伍的散架。那个时候，华为就会因为沉疴难治而自动走向毁灭。所以，杜绝内部独裁、专权、腐化的行为迫在眉睫。但是，对内部腐化现象的治理绝对不是一朝一夕的，也不是随随便便开除几个人就可以实现逆转的，根源还在于体制的漏洞比较大。

经过多年的摸索，任正非和华为终于从西方的民主体制中找到了答案，那就是确保一把手的权力能够得到分散和监督，但同时也要避免出现新的权力操控系统，这个时候形成一个多方控权、彼此相互制

约的局面，而这就是三权分立机制的由来。

2005年，公司意识到了内部存在的管理问题，开始想办法梳理组织治理架构。2006年9~11月，公司签发了关于华为各组织设立与运作、公司治理的纲领性文件，包括了华为司〔2006〕226号文件到华为司〔2006〕230号文件的一系列文件。这些文件中明确了各个组织的设立，为"三权分立"机制的落实奠定了坚实的基础。

从2007年3月开始，华为公司的人力资源管理部、EMT秘书处、公司党委组织干部部、华为大学、SSST干部部、PSST干部部等有关部门，在一起多次讨论了推行三权分立机制的思路、模板，还讨论和汇报了干部任用与管理权力分层、授权问题、干部的品德标准内容，以及如何公示等问题。这一次的制度讨论直接花费了一年半以上的时间。之后，华为在一线部门进行了实践和改进，逐步在规范性与时效性之间达到了一个较好的平衡。

什么是华为的三权分立模式呢？它指的是让办公会议、行政管理团队、委员会构成一个相互制约、相互扶助的权力机构（通常是3级以上）。其中，办公会议负责部门日常业务和基本运作，并且采取首长负责制，首长主要对相关事务负责，最终的批准权被控制在首长手上。而行政管理团队主要从事人事安排之类的行政管理方面的工作，这一组织机构主张进行集体决策，每一个参与者都有一票的投票权，团队领导虽然掌控着最终的否决权，可是他并没有掌控批准权。相比于前面两个职位，委员会本质上就是一个务虚组织机构，主要负责讨论公司未来的发展方向以及目标规划之类的战略问题，但是该机构在重大决策上拥有否决权，可以直接否决其他机构的提案。

总结起来说，办公会议掌控了提议权，行政管理团队获得了批准权，而委员会则享有否决权，三个机构相互牵制、相互促进、密切协作，可以有效避免权力的过分集中，并且有效提升了内部的运作效率。比如，华为在人事管理方面的效率明显得到提升，在过去，干部提拔往往是一个人说了算，但是现在权力被分散在三个机构了，部门内的最高领导虽然可以提名青睐的员工，但是行政管理团队如果觉得不太合适就不予批准，即便批准了，也要经过委员会的审核，他们拥有一票否决权。当三个机构开始相互独立、相互制约的时候，内部的很多灰色操作与黑色操作就可以避免，也能有效断绝腐败和独裁的滋生。

比如，某部门的一位领导想要提拔自己最忠诚的一位下属，也好为以后的工作行个方便，于是就直接提名这位下属。行政管理团队并没有意识到这个下属有什么不合适，于是就批准了这个提名。可是该部门的委员会在审核时，突然发现这位领导与下属之间是亲戚关系，而且发现这位下属平时的工作业绩并不具备很大的说服力，在私下调研的时候，更是有人举报这个下属多次排斥打压同事，还给上级送礼。考虑到这个提名者能力有限、品行不端，委员会毫不犹豫就做出了否决。

这个三权分立的机制正好体现了分权、共进、制衡的原则，它建立了一套标准严格、考量全面、程序完整、流程清晰的干部选拔机制，是一种多维度、多层级的考察和审核，确保权力在一个闭合循环空间内运作，在一个闭合循环中进行科学合理的更替，并体现出集体领导的意志。这种闭合循环模式有助于保证权力不会失控，因为任何人想要舞弊，想要搞腐败，做一些内部公关活动，难度都会成倍增加，因为他必须搞定内部所有环节上的人，只要有一个环节不成功，那么之前所有的努力都会白费。

  需要注意的是，在某一次评议和审核中没有通过大家认可的干部，并不意味着下一次就没有机会，只要没有品德上的问题，那么在下一次，只要改正自己身上的一些问题，还是有机会通过评议和审核的。而一些通过评议与审核的人，在新岗位上工作一段时间之后，也需要进行重新评议，然后进行薪酬上的合理调整。

打造一个倒三角式的组织管理结构

如果对华为公司的人才结构进行分析，就会发现一个特别有趣的现象，那就是将近一半的人才是研发人员，1/3的是市场营销服务人员，剩下的一部分是生产人员和管理人员。以2013年为例，研发和开发人员占46%，市场营销服务人员占33%，生产人员占12%，管理人员占9%。在2015年，研发员工比例仍旧高达45%，服务员工20.2%，市场与解决方案员工9.2%，供应体系员工7.8%，销售员工6.4%……接下来的几年时间里，这个人才结构基本上都没有太大的变动。

与传统正三角式的直线职能式管理不同，华为的人才组织呈现出明显的倒三角模式，具体来说就是将管理决策前移，倾斜和转移到一线去。而很多企业基本上都沿用正三角的组织结构，这种组织结构仍旧采取从上而下的管理方式，管理者和高层领导拥有最大的权力，也掌握了最多的资源，他们会决定企业应该怎样走，平时高层会进行战略布局，然后给各个部门下达指令，并分配资源，这种统筹全局的能力和调度资源的能力，是正三角模式中最突出的特点。

但问题在于这些高层领导离市场太远了，他们并不清楚市场上发生了什么，也不清楚市场需要什么，一切都是凭借自己掌握的一些信息片段做出判断，而这样的判断往往缺乏依据，容易导致决策失误。

最典型的一个例子就是华为在开辟西非市场时的失误。当时华为在签订合同之后，一直都表现得顺风顺水，但随着工程项目的推进，不断有客户直接跑到华为总部投诉，认为华为的服务有点糟糕，不仅办事效率不高，而且对客户的诉求也反应迟钝。面对这些情况，华为高层开始意识到整个体系出了问题，而问题的关键就在于市场代表处以及一线队伍缺乏决策能力，事事都要先向上级请示，高层下达指令后又会影响沟通效率。不仅如此，很多时候由于高层进行长臂管辖，导致很多决策都是错误的，严重影响了对市场的判断，以及对客户的服务质量。

而在倒三角的模式中，由于要直接面对市场终端需求，一线员工对市场上的相关情况最了解，因此最有发言权和决策权，他们会倒逼企业体系提供足够的资源。通常情况下，各市场的攻坚人员会将市场上的信息准确反馈上去，包括市场上需要什么产品、市场上的竞争情况、扩张市场的成本和资源消耗情况。而部门经理、车间主任是中间层，为基层员工的决策提供支持；老板、总裁也改变了身份，不是指挥者而是监督者和服务者，在总体目标和规划前提下监督各项规章制度、总体目标的执行情况，以及向前线提供资源与服务支持。

这种倒三角的组织结构可以帮助企业内部管理逐渐回归扁平化，有效避免企业与市场终端（用户）之间的脱节，并且能够显著加快内部反应速度，确保华为能够最大限度地满足客户的需求。在过去，华为的组织和运作机制是"推"的机制，现在则努力将其逐步转换到让一线员工"拉"的机制上去，或者说做到"推""拉"结合、以"拉"为主的机制。一方面，公司内部的核心部门会依靠强大的权威向下推动，但在推的过程中，很多无效的流程和无价值的员工很难发现；另一方面需要拉的机制发挥作用，在拉的过程中就可以明显感知到哪一根绳子没有受力，然后就直接将绳子上的部门以及相关人员简化处理，甚至剪掉，以确保效率的提升。

放权是任正非给华为公司提出的一个基本要求，比如在地区部的改革中，任正非给地区部总裁的定位是管"总发财"，而不要参与总决策。地区部的管理者尤其是总裁一定要意识到一个问题，那就是各个岗位的责任分工是不同的，管理者没有必要冲到前线去打枪。地区部总裁应该改变过去的角色地位，转变思路，明确并做好自己岗位上的工作职责，这种职责主要在于打造一支能冲锋陷阵的队伍，正如任正非所说的那样："大家都知道，美军在参加第二次世界大战以前基本不会作战，他们是在战争中学会打仗的，现在是世界上最强的军队。美军以营、团等基层为单位，作战能力那么强，这是我们公司的奋斗目标，这就是为什么我们要走'村自为战、人自为战'这条路线。所以，地区部放权，才可能'遍地英雄下夕烟'，我们需要的是英雄辈出，而不是英雄一辈一辈地来改造乾坤。"按照任正非的说法，地区部总裁要避免干涉下边的具体工作，至于怎么处理问题，最好让前线的奋斗者来决定。

在企业中，自上而下的战略布局以及统一行动是战略上的安排，是一种追求高效与低成本的集约模式。而自下而上的因时而变是战术要求，是一种划小，主要追求定制与个性化地满足客户需求。两者相辅相成，缺一不可。而华为公司所倡导的倒三角的支撑模式，就是在集约与划小之间找到一种平衡。"长期以来，我们都要求让听得见炮声的人呼唤炮火，呼唤了这么多年，我们都不知道让他们如何呼唤炮火。去年12月阿根廷第一次改革会议，阿根廷、哥斯达黎加、纳米比亚、博茨瓦纳四个代表处的试点，仅仅是改革了分配机制，并没有改革一线机制，试点代表处反映请示还是太多。这次丁耘提出，将来成熟项目的指挥权下放给代表处和系统部，这占代表处约70%的量。我们当然想直接就下放给系统部，但是系统部的组织建设是否完成？过去都是代表处作为'婆婆'包打天下，现在先让'婆婆'和'媳妇'共同去用权。探索用一两年时间，成熟一个系统部就授权一个系统部，给系统部直接授权。将来我们就是两层管理组织：一层组织为代表处的系统部，一层组织是BG的野战部队。"

按照任正非的说法，需要让一线部队来呼唤炮火，让他们对市场进行分析，下达决策，决定将炮火引向哪里。在这个过程中，任正非要求公司高层对一线员工进行适当授权，让他们拥有更大的决策权，可以针对市场变化及时做出决策，避免错失良机。而且整个流程必须简单明确，不能有太多的层级消耗，也不能有一些模棱两可的职责安排，一切都要简单明了。

在打造倒三角组织结构的时候，华为还建立了IPD（集成产品开发）管理体系。这个体系提倡以市场为导向开发新产品，主张要将客户的需求、市场的信息当成企业行动的源泉。在这个管理体系中，市场管理团队主要负责进行业务规划，需求管理团队负责管理市场需求信息，决策评审团队负责对公司业务规划和需求管理进行决策评审。市场管理团队与需求管理团队负责细分市场，并对市场信息进行收集和分析，其中市场管理团队会规划公司的新产品开发路标及技术开发路标，然后根据路标编写新产品开发的任务书。IPD是以市场导向为重要理念的一套管理体系，它强调要让最熟悉市场情况的人来提出公司的业务发展方向，这一点与倒三角式组织结构的设计有异曲同工之妙。

　　需要注意的是，倒三角形组织的形成主要是为了更好地面向客户，而要想做到全部面向客户，就需要工序的全套流程和数据都做到可视化，这样做才可以有效避免扁平化组织过程中出现的孤岛问题。最典型的就是海尔集团，海尔集团在打造倒三角组织结构时，建立了上千个组织单元，但这些单元最终又变成了上千个孤岛，而造成这些孤岛出现的原因就在于公司无法实现IT化，无法实现可视化。对于那些组织扁平化的企业来说，虽然一线员工拥有了积极性，但由于不具备可视化，使得管理者尤其是流程优化负责人直接变成盲人，无法准确了解各个流程节点的流程绩效，不清楚各个流程工序的人工产出的效能，更不清楚哪些环节和节点能够带动企业的单元贡献。在这种情况下，所有工作都开始产生时延，大量的工作文档会堆积，大量的决策不能及时做出，管理者最终只能凭感觉判断，导致在如何实现战略规划，如何实现高质量、高效率运作方面出现误判，最终的情况是，管理者的任务大大加重，而效率却越来越低。在这方面，华为的做法值得称赞，华为的流程IT化是世界一流的，华为云的推出更是提升了运营的可视化能力，从而为华为的决策提供了技术保障。

2013年，华为推出了自主研发的FusionSphere云操作系统。按照华为的介绍，这是一款"面向多行业客户推出的云操作系统产品，基于OpenStack架构开发。整个系统专门为云设计和优化提供强大的虚拟化功能和资源池管理、丰富的云基础服务组件和工具、开放的API接口等，可以帮助客户水平整合数据中心物理和虚拟资源，垂直优化业务平台，让企业的云计算建设和使用更加简捷"。如此出色的性能让华为可以更加从容地推进组织结构的变革与人才组织的变革，并积极服务于市场。

提升业务能力，就要推动代表处的改革

随着华为提出"以客户为中心"的发展理念，代表处在战术和战略安排上，就成为华为公司最重要的部门之一。华为的市场代表处不仅是经营和利润的中心，还是华为公司开展对外业务的前沿阵地，代表了华为的市场攻坚能力，代表了华为国际化扩大发展的力量。可以说，代表处的工作效率、工作能力、服务态度都是华为对外关系的一张名片。不过最近几年，随着市场环境的变化，随着华为自身的发展规模不断扩大，原有的机制已经无法满足代表处的工作需求，改革势在必行。最常见的就是权力向一线转移，让听见炮火的人做出决策。在这一改革模式下，华为公司内部成熟业务的指挥权开始不断下放给代表处，确保代表处可以在市场上及时做出正确的调整，可以在对外关系上获得更大的主动权。

2019年8月19日，华为对外公开了任正非在CNBG变革研讨会上的讲话。在讲话中，任正非重点谈到了代表处改革的问题："接下来改革的代表处，CNBG要认真选择，可以先从容易改革的代表处着手，成功后就会信心百倍。如果在难改的代表处先碰了壁，'出师未

捷身先死，长使英雄泪满襟'，容易失去信心。我认为，小国可以放开一些，由各个地区部自己定，比如拉美的多国可按小国代表处全面改革；大国不要选择太多，在条件成熟、业务环境类似的两三个国家先改，最主要得出一个模型后，就可以去推广。"

为了确保改革的顺利进行，具体的改革措施包含了三个方面：

第一个就是让代表处的系统部掌控更多的资源、能力以及决策权。既然代表处直接面对市场和客户，而且还是拓展市场的一线队伍，那么有必要让资源继续往代表处系统部倾斜，让系统部获得更多经营的能力。对于代表处来说，要想充分发挥出自己的能力和优势，就要确保自己的所有行动是高效的、自主的、有针对性的，而支撑代表处行动的关键在于权力和资源要到位，如果总部不肯放权，不肯将资源集中在代表处，那么代表处的工作就会受到很大的掣肘。

假设代表处发现了一个商机，这个时候如果没有得到足够的授权，就无法立即采取行动，导致贻误了商机。同样地，如果代表处缺乏足够的资源和能力，即便得到了授权，也无法在第一时间开拓市场。而华为公司将权力、资源下放，就为代表处的实际行动铺平了道路。

第二个是改革要做到因地制宜。任正非认为，既然公司已经初步算出了全球所有代表处粮食包的预测方案，那么接下来每个代表处应该给自己算一笔账。公司允许不同地区的代表处有差别，也允许代表处提出自己的改革设想。一旦觉得适合，就可以慢慢进行改革，不合理的话就需要说出更改粮食包数字的理由。按照这样的思路和模式，改革才能够做到科学化，才能够做到机构和人员的精简。在这个过程中，各代表处可以具体问题具体分析，按照自己所面对的市场环境和发展状况进行精简，将一些无价值的产品线和业务删除，而没有必要和其他代表处一样，做到千篇一律。就像欧洲市场、非洲市场、美洲市场、亚洲市场上的不同国家的代表处不同一样，公司的改革方案未必就是合理的，任何一处的代表处都要懂得分析自己的处境和现实需求。让欧洲市场获得300亿元的盈利，并不意味着一定要让美洲市场也获得相应的盈利。每一个市场的环境不一样，组织变革也不一样，对外业务的拓展模式也不一样。

第三个是要确保人员安排的合理性。对于那些政治环境、市场环境稳定的代表处，应该适当加快本地化步伐，在很多确定性工作中，可以更多地安排一些本地员工，这样就可以节省一部分财务费用，并用于新的分配之中，中方员工则需要集中到地区部的战略机动队伍中。对于那些市场环境、条件不好的代表处，考虑到可能存在的回款困难、币种汇取困难或者政治不稳定等因素，应该在当地法律和公司制度框架内多用中方员工，尽量减少本地员工的加入。这样做的目的就是当环境出现大的变动，而相关国家的市场需要临时关闭时，中方员工可以及时撤退，而留下少量本地员工负责维护，减少公司的消耗。

任正非觉得在拓展对外业务的时候，不能忽略成本的控制和管理，也不要忽略组织结构的管理，不同代表处的经营发展环境不同，代表处的管理模式也不能一样。比如在欧洲各国，政局相对稳定，经济也比较发达，市场环境还是比较稳定的，当地的员工可以多安排一些，他们不太可能因为一些社会原因而大规模离职。而在贫困的非洲小国或者政局不稳定的拉美国家，公司就要想办法减少可能存在的意外损失，人员安排必须灵活合理，减少本地员工可以有效减少业务剥离和市场撤离时带来的负担，毕竟中方的人员和物资可以随时撤走。

  这三个方面的改革措施都相对简单，可以确保代表处的工作得到完善。需要注意的是，接下来，公司对地区部也要进行改革，提升地区部的指挥权，协调各地的落实情况，避免各地出现人为的割裂，而且地区部总裁需要下放和分散权力。最后对机关部门进行改革，改变人浮于事的状况，避免重复性平台和重复性劳动。只有经历这三个步骤，华为的市场部才能变成一个更加高效的组织，也才能在工作中把握好对外业务。

在有凤的地方筑巢，而不是筑巢引凤

人才一直都是华为赖以生存的要素，那么该如何更好地吸引人才、把握人才和发挥出人才的最大功效呢？在过去，华为坚持引进来的策略，简单来说，就是从全国各大高校招人，从全球范围内招聘各种人才，将所有的人才都集中到深圳这个大本营来。但事实上这样做往往会给受聘者带来一些不便，而且完全不利于华为在国际市场上的开拓。作为一个想要成为全球第一的科技公司，华为更希望的是进行全球的人才布局，就像它在全世界范围内建造的科研中心和其他研究机构一样，都是就地取材的典范，因此这些年华为改变了自己的人才引进战略，并且提出了要"把能力布局在人才集聚的地方"的口号。

这个口号的本质就是让机构跟人才走，而不是像过去一样让人才跟着机构走。之前华为会将心仪的人才招到中国来工作，这些人才往往面临着远离家乡、远离家庭、远离朋友的困扰，还要承受文化差异、生活差异带来的各种问题，这样容易使他们的工作状态受到影响，导致过去有很多外国优秀人才最终因为家庭原因而离开公司，即便是国内的一些人才也常常因为远离家庭和亲人而选择辞职。大量人才的流失引起了华为足够的重视，华为开始对组织机构的一些制度和流程进行调整，并直接选择围绕人才来打造队伍的新型模式。比如欧洲很多地方都存在优秀的工程师和研发人员，那么华为就选择在巴黎或者伦敦等大型都市成立研发中心。俄罗斯的科学家非常擅长数学，那么华为就在俄罗斯的某些城市建造数学研发中心。印度的计算机人才很多，华为就选择在印度的一些城市建造研发机构。华为在全世界建造的科研中心和研发队伍，都是围绕人才打造队伍的重要体现。

任正非说过："过去的方针是砸钱，芯片光砸钱不行，要砸数学家、物理学家等。但又有多少人还在认真读书？光靠一个国家恐怕不行，虽然中国人才济济，但还是要（面向）全球寻找人才。完全依靠中国自主创新很难成功，为什么我们不能拥抱这个世界，依靠全球创新？"

2010年，华为在加拿大建立了华为渥太华中心，这个研发机构位于加拿大渥太华的卡纳塔地区。许多人都非常好奇：为什么会将这样重要的研发机构建立在加拿大呢？即便是2019年加拿大与华为发生了很大的摩擦，任正非为什么仍旧坚持要在加拿大增加研发机构，增加投资力量？

原因很简单，加拿大的渥太华拥有世界级的IT精英和学术机构，而且影响力覆盖着整个北美地区，就地理位置和研发环境来说，加拿大比美国更适合建立研发机构。多年前，加拿大就拥有北美最大的电信公司之一——Nortel（北电网络）。北电网络在巅峰期曾经依靠通信光纤技术引领通信潮流，这家公司的市值更是占整个加拿大股市市值的40%。虽然北电网络倒闭了，但是旗下众多高级科研人才被华为顺利收归麾下。除了拥有丰富的技术底蕴和人才，能够与加拿大的重点大学建立合作关系也是华为最看重的，毕竟只要这个科研机构仍旧存在，华为就可以吸收更多的加拿大人才，或者也可以吸收大学中那些先进的理论知识。

如果华为坚持在国内建造研发机构，那么人才的应用就会被限制在国内，想要在国外吸收更多优秀人才就会变得非常困难。华为要想走向全球化，要想在世界市场上开辟更广阔的发展空间，就要想办法为世界各国的高级人才提供最优质、最舒服的平台，就要为外国人才设立一个定点的研发机构。

任正非认为，华为应该在有凤的地方筑巢，而不是筑巢引凤，因为一旦离开了熟悉的生长环境，凤凰就可能会变成鸡，就像一些欧洲的人才一样，他们已经习惯了那种自由轻松的生活环境，习惯了在慢节奏的生活环境中生活，让他们来到生活节奏快的深圳，来到压抑的环境中，就会抑制他们的创造力。虽然也有一些外国顶级科研人员愿意来到华为总部上班，但毕竟是少数，更多的科研人才还是需要在国际市场上去争取的。还有一点非常重要，国内的人力资源虽然具有性价比高、来源广、组织纪律性强的优势，但和欧洲那些老牌强国相比，也存在一些明显的劣势。比如在数学领域，我国的数学发展水平就和欧洲相去甚远，迄今为止还没有一个中国籍的数学家获得拥有数学界诺贝尔奖之称的"菲尔兹奖"，而仅仅在法国已经有10多位获奖者了。

虽然商业创新和商业研发不同于纯粹的实验室科研，商业研究需要工程师在效益、难度和成本之间做出妥协，强调时效性，但能够吸引更多的欧洲顶级人才，本身就会对华为的研发工作尤其是基础研发工作带来很大的帮助。正因为如此，在2017年度秋季校招中，华为在国内的本硕博招聘人数比2016年有较大下降，而且不少参与应聘的学生都表示，与2016年相同实力的学生对比，2017年的学生更难在华为招聘中获得相同的评级。与此同时，华为在欧洲的研发中心每年都在扩大招聘规模。当地的大学以及企业中的人才相比于国内，似乎更容易在华为公司找到工作。经过多年的布局，华为在国外建立的研发机构数量已经超过了国内，而更多的外国高级科研人员也能够依据地理优势在这些科研机构内扎根，这是符合华为在国际市场扩大发展的战略需要的。

高度民主化的高层轮值制度

最近几年，中国的大企业都开始实行轮值CEO制度，这项制度一时之间成为人们热议的话题。比如2017年1月，德邦物流宣布启动轮值CEO制度，内部开始实施集体决策的模式，其中，每一任CEO任期为半年。

2017年11月，阿里大文娱也正式宣布实行轮值总裁制，当时公司内部的杨伟东担任第一任轮值总裁，并且直接向阿里巴巴集团CEO张勇做了汇报。2019年7月16日，京东商城同样开始宣布实施轮值CEO制度，当时京东集团的CMO徐雷，正式兼任首任京东商城轮值CEO，并且向京东集团CEO刘强东汇报，他将会在任期内全面负责商城日常工作。

而更早一些时候，最典型的就是华为公司，华为公司实施的轮值CEO制度也是国内最早的。它的出现和华为的发展密不可分，1999年，华为通过内部选举，推举孙亚芳为董事长，当时她负责公司对外交往、公共关系等事务，而任正非将精力主要放在企业内部管理上，这种权力分配使得对内对外事务开始出现独立，华为发展速度变得很快。

不过随着2000年负责技术的李一男出走,以及郑宝用因为身体原因淡出管理层,任正非意识到原有的管理团队已经无法应对高速发展的情况了,他开始思考企业团队管理模式。2004年,美国顾问公司帮助华为设计公司组织结构时,发现华为竟然还没有中枢机构,而高层往往都是由组织直接任命的,这样的模式容易滋生腐败,当时顾问公司建议华为成立经营管理团队(EMT)。可是任正非并不愿意做EMT的主席,他觉得自己如果担任这一职位,就会将公司的高层管理引向独裁。

在比较敏感的权力和领导者界定上,在组织结构的设定上,任正非一直都在想办法避免出现专权行为,分权成为一个重要的策略。如果说倒三角的结构是上级对下级的放权,是高层对一线的放权,三权分立是针对各层次干部的权力重新分配,那么接下来任正非直接对最高领导层进行权力变革和组织变革,就彰显出了战术上的魄力和战略上的高度。

任正非对最高领导层的变革有一些基本要求:首先,必须避免独断专行,不能让权力掌控在一个人手中,哪怕是自己也不行,这样做可以有效提升决策的科学性、合理性,避免出现方向性的错误。其次,要确保正常的管理工作不会出现混乱,整个体制变革不能影响到正常的工作安排,不能让变革直接破坏整个体系,权力的稳定是放在第一位的。最后,要确保所有的权力可以在一个良性循环的空间内存在,不能让权力失控,也不能让权力失去未来。任正非最初的设想就是打造一种可更替的权力交接模式,这样就可以确保谁都是公司不可或缺的；只要有一个人出现了问题，那么其他人可以迅速实现权力交接，而不会导致权力真空的出现。

按照这种设想，任正非意识到轮值是一个非常不错的方案。2004年，华为取消了当时已经沿用了10多年的总裁办公会议，成立了EMT，规定公司所有的重大战略决策必须由EMT决定，而轮值主席制度（后来变成轮值CEO制度）也很快就应运而生。通常情况下，一个公司内的主席只有一个，他拥有最高的管理权限，直接掌控着公司发展的生死大权，而谁都希望当主席，谁都希望自己可以成为最高管理者，希望整个公司可以按照自己的意愿进行运营，并且所有人都会认为自己的方案和计划一定要比其他人更好，认为自己才是最适合的人选。在这样的心态中，那些候选人很容易产生矛盾，并且他们会想办法打击竞争对手。为了提升自己的影响力和威望，部分人可能会利用自己手中的权力拉帮结派，提拔和自己最亲近的人，成立属于自己的嫡系队伍。这个时候，整个公司就被分裂和瓦解了，公司的流程也会变得形同虚设，各部门的工作效率会直线下降，企业也会停滞不前。

2011年，轮值主席制度在经过两个循环之后，转变成轮值CEO制度。轮值CEO是由郭平、徐直军、胡厚崑这三名副董事长轮流担任，轮值期依然是每人半年。轮值期间，轮值CEO就是公司经营管理以及危机管理的最高责任人，主要负责召集和主持公司EMT会议，并在决策过程中及时向董事会成员、监事会成员通报自己履行职责的情况。

2018年，华为开始将轮值CEO制度变成轮值董事长制度，继续由郭平、徐直军、胡厚崑这三名副董事长轮流担任，执行模式与之前相差无几，但是轮值CEO更像是董事会决策的执行者，而轮值董事长则是最高领袖，决策权明显更大一些。轮值董事长负责主持公司董事会及董事会常务委员会，确保董事会可以更好地行使公司战略与经营管理决策权。

  轮值制度是华为最具创造力的管理制度之一，开创了国内高层轮值制度的先河，为各个企业的核心权力分配开了先例，但就连任正非本人也承认，这个制度并不是绝对完美的，也存在一些问题，比如每过半年，就会出现权力交替，这样做是否会导致一些重要项目的落实情况受到影响，是否会导致一些重要的发展理念出现脱节的情况，因此轮值制度还需要在实践中经受住更多的检验。而为了避免轮值期间出现最高权力失控的情况，任正非本人在经营管理团队中还是拥有最终的否决权，而且作为华为公司的创始人和精神领袖，任正非对轮值制度下产生的诸多决策和方案会产生很大的影响，这种影响会确保华为公司仍旧控制在一个稳定的体系之内。而未来，一旦任正非离开华为，是否会有人支撑起华为的正常运转呢？而轮值制度到时候又将会变成什么样子呢？对此，人们还不够了解。

给公司进行持续性的换血和输血

许多企业都会定期进行变革，而变革的一个重要内容就是确保组织能够延缓衰老、保持青春，这也是保持企业基业长青的基础。虽然组织的衰变、疲劳以及最终的消亡是不可避免的，但是合理的管理能有效延缓衰老和消亡的过程。

能够让组织活得更久一些，能够让组织在更长的时间段里继续为社会、为人类做出贡献，这是华为的使命，也是华为人始终在追求的一个目标。为了实现这个目标，组织变革不可或缺，而具体来说，就是继续保持开放的策略，持续进行组织的调整，持续不断地给华为进行换血和输血，确保组织的青春活力。那么华为是如何进行换血和输血的呢？华为在推动内部新陈代谢的时候，采取了什么重要的措施？

其实，华为的做法很简单，就是淘汰那些不合适的人。除了基本的业绩考核与末位淘汰制之外，最典型的就是1996年的市场部大辞职以及2017年的7000人辞职事件。1996年1月，华为公司突然发生了一场前所未有的集体辞职事件：当时从华为副总裁孙亚芳开始，所有的市场部中高层干部以及各个区域办事处主任全部辞职。这件事引起了整个行业的轰动。

一般来说，企业中存在辞职热潮，但基本上很少会出现这样大的规模，除非是整个公司出现了严重的分裂事件，或者公司面临破产。但华为显然并没有分裂和破产的征兆，反而处于第一个高速发展期。那么华为为什么会出现市场部的集体辞职活动呢？原因就在于当时内部出现了一些懈怠和分配不公现象。任正非发现，华为公司内部有很多老员工出工不出力，出现了严重的消极怠工行为；这些老员工拿着高工资，占据着较高的职位，还有企业的股份分红，可是却无法将分内的工作做好，许多老员工的能力已经无法匹配自己的职位了。而另一方面，很多有能力的新员工在做出大量贡献的时候，却得不到晋升的机会，工资也比老员工少很多，因此内部也爆发了新老员工的冲突，关于公平的问题开始凸显出来。

任正非意识到需要对组织进行变革，对市场部的队伍进行重新整合。那个时候，市场部的干部需要在辞职时提交两份报告：一份是述职报告，一份是辞职报告。述职报告讲述的是自己的工作业绩和工作计划，公司会对述职报告中的内容进行审核，按照一套考核标准来考量每一个述职人的能力，然后做出批准对方的是辞职报告还是述职报告的决定。

对于那些考核成绩表现不好、与职位不匹配的员工，公司会批准他们的辞职报告。这些辞职者可以选择离开公司，或者继续留下来，但他们必须离开原来的岗位，接受降级处理。如果考核成绩突出，表现出了良好的工作能力，那么公司会安排他们留在原有岗位上，甚至给予提拔和晋升的机会。

市场部大辞职是一次内部人力资源的调整，这种调整体现出了华为追求人职匹配的目标，也体现出了华为在人才管理方面的一些原则，那就是每一个人的薪酬和贡献应该是成正比的。华为公司通过大辞职来改革组织内部不合理的人才结构，改变组织内部不合理的分配现象。

2017年9月底开始，华为公司有7000名工作年限满8年的老员工主动递交了辞呈，他们可以选择离开公司，也可以留下来重新竞聘上岗，上岗之后，个人的职位和待遇不会发生什么变动，但他们不得不重新签署劳动合同，工龄自然也会发生变化。为了确保给予离职者一定的保障，华为公司不惜支付大约10亿元的赔偿。这件事曾经引发了热议，许多人认为华为几乎强制性地让员工离开公司并不合理，尤其是对待这些老员工。可是试想一下，如果华为不这么做，那就意味着华为将来要为一大批员工养老，意味着将会有大量的员工明明无法做出贡献，却拿着高工资，而更多的新人则没有机会往上爬。让很多无法适应新环境、无法适应岗位的人离职，无疑会让更多有能力的人补充进来，从而确保整个组织充满活力。

这种先辞职、再竞业的模式并没有一刀切地将不合格的员工开除出去，而是以一种相对温和的方式确保内部的流动性，为企业的新陈代谢提供帮助。从长远来看，公司的人职匹配会做得更好，而更重要的是，能力不强的老员工会逐步被能力更强的新人取代，公司会源源不断地注入新鲜血液，从而长久保持发展的活力。任正非意识到，很多公司之所以会走向灭亡，就是因为内部组织机构僵化，导致人才流动性越来越差，最终失去应变能力。

组织内部的输血和换血行动需要一直存在，尤其是那些发展不错的大企业，由于资源比较充足，员工的饥饿感不够，持续的奋斗精神和欲望都不强烈，最终容易产生懈怠心理。如果公司主动对组织进行变革，将那些占用资源却无法提供相应贡献的员工剥离岗位，就会有助于激发组织活力，形成良性的竞争局面和奋斗氛围。

关于内部的流动性与活力，华为公司高级管理顾问田涛曾经说过："在资源与活力的动态转换过程中，资源持续的累积来自哪里？无疑是客户。那么，组织中个体与群体的活力指向——唯一的活力指向，也就只能是客户。任总20年前讲'客户是华为存在的唯一理由'，华为核心价值观的首条是以客户为中心，我个人理解，其本质内涵就是为组织中的奋斗行为确定了清晰、坚定的方向，也即活力指向——管理者以各种各样的方式、手段激励员工持续充满活力，但活力必须直接或者间接地面向客户去释放；而对员工、对部门的价值评价和价值分配也当然只能是基于价值创造，价值创造的源泉来自哪里？客户，只能是客户。我访谈过华为一些前员工，有多个人对我说，在华为时觉得人际关系复杂，离开后才觉得华为比外面单纯多了，关键是，在华为，薪水多少和提拔与否主要是看直接或间接对客户的贡献大小，不需要花太多心思去琢磨别的，华为的'上甘岭上出将军'还真是说到做到的。"

正因为面向客户，一切都以客户为中心，所以华为组织中的换血和输血成为一个必然的结果。

第三章

对外业务管理：
开放与合作是华为的重要标签

开放、合作是华为对外的最大风格

在2019年5月份之后,很多中国人都对美国打压、断供华为的做法表达了不满,国内很多自媒体都在号召大家使用华为的产品,并且主动排斥美国的产品,诸如苹果手机、美国的汽车、波音公司的飞机等。对于外在的号召和风波,任正非呼吁大家保持理性,因为华为是一家开放的公司,不会轻易就宣布与其他国家脱离业务往来,更不会轻易排斥其他国家的产品。

按照任正非的说法,保持开放的姿态在于摒弃了民粹主义和狭隘的民族主义,华为虽然是一家中国民营企业,但是从来不会被民粹主义绑架,他觉得任何一个消费者都不能将"不用华为产品就是不爱国",或者"使用华为产品就是爱国"当成消费的标准。任正非说过:"华为的愿景就是不断通过自己的存在,来丰富人们的沟通、生活与经济发展,这也是华为公司作为一个企业存在的社会价值。我们可以丰富人们的沟通和生活,也能够不断促进经济的全球化发展。华为自身也不可能回避全球化,也不可能有寻求保护的狭隘的民族主义心态。"

不仅如此,华为还一直都在积极说服美国,希望双方可以重新建立起合作关系。任正非认为，在全球化和社会化分工日益精细的大潮下，国与国之间、企业与企业之间的关联性不是可以轻易截断的，每一个跨国企业都会在整个商业生态环境中扮演一个特定的角色，既受到商业生态环境变化的影响，同时也在影响整个商业生态环境。华为的经营策略基本上都是以开放、合作与分享为基石的，这些管理态度更多地体现了爱国情怀，同时也体现出了对人类社会发展负责的态度。

比如当美国开始断供华为的芯片之后，华为旗下的海思公司却在第一时间推出了备胎，结果直接导致美国的芯片断供计划破产。就在大家都沉浸在海思带来的荣耀中时，任正非却站出来说，欢迎美国人继续提供芯片，华为也愿意继续使用美国芯片。当时海思内部出现了一些自大的声音，一些研发者和管理者认为海思能够决定华为的生死，能够帮助华为彻底摆脱美国芯片，因此华为一定也必须使用海思提供的芯片。对于海思内部出现的不正确定位，任正非进行了警告："如果海思有自恋，要求做的东西我们一定要用，不用的话就不光荣，那就是一个闭合系统。我们总有一天能量耗尽，就会死亡，所以我们要做开放系统。"在任正非看来，只要有机会的话，华为还是应该对美国芯片保持开放，因为华为的运转离不开技术创新，也离不开商业模式；如果海思关起门来研究，而不是在国际上取长补短，那么海思以及华为迟早会因为封闭而走向没落。

许多人质疑华为缺乏骨气，缺乏自主研发的魄力，但任正非一直都在坚守自己的开放原则："我们非常支持异军突起的，但要在公司的主航道上才好。我们一定要避免建立封闭系统。我们一定要建立一个开放的体系，特别是硬件体系更要开放。我们不开放就是死亡，如果我们不向美国人民学习他们的伟大,我们就永远胜不了。"

任正非觉得,华为应该避免"闭门造车",要将全世界的人才串联起来,将整个社会的智慧串联起来,保持开放的姿态,主动去拥抱世界,才能将全世界的力量集中在一起。这是尊重商业文明的一种体现,毕竟商业文明的一个重要特点就是开放与合作,而开放与合作衍生出来的特质就是宽容与共存,因为只有保持开放与合作,才能够宽容他人,才能与竞争对手实现共存。而反过来,保持宽容与共存,又能够进一步促进开放与合作。

与此同时,他也对美国政府的封闭行为感到失望。在他看来,华为即便离开美国的企业,也一定能够成为世界第一,也一定可以创造奇迹;美国虽然在其他各个领域都占据不小的优势,但是在5G领域的确缺乏足够的实力,如果一意孤行的话,它与华为之间的距离只会越来越大。而5G并不是最终的战场,人工智能才是关键。在人工智能发展的三个核心要素中,美国在超级计算以及超级存储方面都占据优势,唯独缺乏超速连接,而5G以及以后的6G甚至7G会承担超速连接的重任,一旦无法实现超速连接,未来也无法实现万物互联。

有很多人建议华为彻底离开美国,将美国的产品排斥在外,任正非拒绝了这种建议。虽然华为离开美国也能存活,但并不意味着华为就一定要脱离美国,毕竟美国是整个行业生态圈中最重要的环节,脱离了美国,很容易对整个生态系统造成严重影响。只要美国公司仍旧愿意提供产品,那么华为就没有必要自己研发,这是维持全球化大格局的一种基本模式,完全脱离世界自力更生是不可取的。

由于很多国家明确要求不使用华为公司的5G技术和相关产品,

而同样也有一大批国家看中了华为5G的技术优势和价格优势，顶住美国的压力购买华为的产品，很多人由此担心世界会出现5G大分裂的局面，导致整个世界无法利用5G技术紧密地联系在一起，担心5G技术的真实价值无法发挥出来。面对这种情况，任正非认为世界很大，而且本身就具备多样化的特点，任何一个供应商都无法控制所有的市场，世界也不可能形成一个统一的供应商的局面，5G技术最终一定是由多个实力很强的供应商一起对社会进行供应，这会是一个常态，也是一个最基本的市场格局。不过5G的标准只有一个，任何人想要另外设定标准，都会导致5G技术不能连通。从某种意义上来说，5G本身就是一个社会共享的资源，大家需要扮演好各自的角色，然后共同实现5G的价值。

多年来，华为一直致力于打造一个强大的生态圈，"我们不愿意伤害朋友，我们要帮助他们拥有良好的财务报表。我们还是希望美国公司的技术能够和我们一起共同为人类服务。早些时候，我们都会把我们在芯片开发方面的心得告诉对方，甚至我们的研究成果自己不生产，交给对方生产。所以全世界的供应商跟我们都很好"。比如华为完全有能力进行8K电视机的技术研发，但是此举也就意味着会与日韩的科技公司产生冲突，甚至影响到整个行业的格局，而这种格局同样会影响华为的产品输出，毕竟当华为抢占日韩企业在8K电视的市场份额时，也就意味着自己研制的电视芯片会失去日韩企业的市场。在一个合理的电视生态圈中，日韩企业负责制造8K电视，而华为负责提供芯片，这是最稳定也是最能够确保生态健康的模式。而这样的模式在其他领域同样存在，华为一直都在秉持这种开放合作的理念，最终成为世界上最强大的通信设备制造商。

技术垄断和商业垄断不是华为的目标

技术是企业发展的重要指标，通过技术垄断往往可以达到商业垄断的目的，比如曾经的苹果公司、波音公司与空客公司、IBM公司、可口可乐与百事可乐公司、微软公司等，这些公司都是因为掌握了核心技术，才能够在市场上占据垄断地位。5G技术是当前最火爆的通信技术，而华为在5G信息时代已经走在了潮流的前面，这也引发了西方国家的担忧和恐慌，他们担心华为会搞技术垄断，甚至用商业霸权来压制西方企业的发展。在谈到华为是否会利用新技术优势搞垄断和霸权时，任正非非常坦诚地给予了否定："我们就是想在新技术上为人类多做一些贡献，并没有想做商业的独家霸权。我们不是上市公司，我们不谋求财务报表变好，我们谋求的就是我们的实力在增强就可以了。所以，我们觉得没有什么事情限制着我们。"

华为不会效仿美国进行技术垄断和霸权，2019年5月份，任正非在接受央视《面对面》专访时，谈到了关于美国禁令的问题："美国今天把我们从北坡往下打，我们顺着雪往下滑一点，再起来爬坡。但是总有一天，两军会爬到山顶。这时我们绝不会和美国人拼刺刀，我们会去拥抱，我们欢呼，为人类数字化、信息化服务胜利大会师，多种标准胜利会师（而欢呼）。我们的理想是为人类服务，又不是为了赚钱，又不是为了消灭别人。大家能共同实现为人类服务，不更好吗？我们有备胎为什么不早用呢？就是为了西方的利益啊！我们不让西方的利益被挤榨了，朋友就变多了。"

此前有很多人在网络上呼吁国人多购买华为的产品，而不要去购买苹果公司的手机和电脑。对于这些行为，任正非给予了否定："我根本就不是什么英雄，我从来都不想当英雄。任何时候我们都是在做一个商业性的东西，商品的买卖不代表政治态度，这个时代变了，怎么买苹果手机就是不爱国？哪能这么看？那还开放给人干什么？商品就是商品，商品是个人喜好构成的，这根本没任何关系。媒体炒作有时候偏激，偏激的思想容易产生民粹主义，对一个国家是没好处的。"

任正非一直积极号召华为要走出家门，不要总是用敌对的心态面对对手，因为华为没有永远的竞争者，也没有永远的合作伙伴，一个良性的竞争格局应该是亦敌亦友的状态。总是用敌对的心态面对竞争者，面对同行，可能会假设出越来越多的敌人，而这些假设很可能会最终真的导致企业树敌众多。因此华为必须保持开放的胸襟和气度，必须拥有谦逊的姿态以及极强的抗压能力，最后还应该要有持续的学习力。华为要想在世界上生存下去，就要少树立敌人，在行业中寻找更多的合作伙伴，广交朋友，关注整个行业的动向。共享价值链是当今市场经营的准绳，而一个统一的、紧密连接的世界是符合华为的发展诉求的，任何垄断行为都会反过来侵害自身的利益。

就像美国一样，对中国进行技术封锁的时候，其实对自己并没有什么好处，美国和中国完全可以实现和平共处，美国和中国在科技发展中拥有很多共同的利益，双方是可以实现共赢的。任正非认为现在的美国在世界上处于领先的位置，无论是科技、文化、经济还是军事力量都是世界上最强大的。美国就像是喜马拉雅山顶端的雪水一样，完全可以从高处往下流，滋养山下的庄稼，如果雪水被阻挡在上面不准往下流，那么山下的庄稼就会渴死，而山上的雪水也丝毫发挥不了任何价值。

　　按照任正非的说法，科学技术是用来为社会服务的，科学技术也需要用来创造利润，科学家需要物质保障，工人和工程师也需要足够的工资养家，如果不能将技术变成商品，不能创造财富，不能挣钱，那么这种技术就会失去存在的价值。美国如果进行技术封锁，不将产品卖给中国（中国是世界上最大的消费市场），那么美国本身也会遭受重大的损失，美国人研发的技术也会因为没有市场而丧失应用的价值。同样，当华为登上5G的顶峰时，一样可以将技术分享给更多的企业，一样可以将产品和技术卖给对手，从而为自己创造价值。如果将所有的技术垄断在自己手中，不愿意拿出来分享，不愿意为社会做贡献，那么这些技术可能就会失去意义和价值。

　　任正非认为垄断会打破原有的均衡模式，"我为什么想把5G全套网络技术，完全无保留地独家许可给美国公司？因为这个世界只有三个支点才是平衡的"。他所提及的三个支点是中国、欧洲和美国，如果中国和欧洲都在大力发展5G技术，而美国没有获得进步，没能够分享到这项技术，那么世界就会因为失衡而变得很不稳定。很显然，在对外事务上，任正非真正的立足点是在开放、分享的环境下打造一个均衡的发展体系，技术垄断显然不是华为的对外选项。

技术竞争是和平竞争

2019年，对于华为来说是非常关键的一年。作为引领5G的通信设备制造公司，华为公司一方面在技术方面取得了很大的领先优势，另一方面则要努力应对来自美国的打压和排斥。其实，在整个2019年，美国都在想办法给华为公司制造麻烦，不仅禁止华为进入美国市场，还想方设法断供华为所需要的相关产品，包括一些基本的零配件和芯片。为了进一步打压华为在全球市场的份额，美国积极说服西方国家排斥华为，并且不断抹黑华为的产品和形象。

面对来自美国的恶意打压和攻击，任正非多次表示："华为的大部分管理经验是从美国学来的，华为因此而取得了成功。自从我们成立以来，我们聘请了数十位美国顾问教我们如何管理企业。通过这些成功的尝试，我们的整个体系实际上与美国公司相似。"在他看来，华为公司在技术和管理上似乎更加亲近于美国，而不是日本和德国，华为身上有很多美国文化的影子以及美国管理经验，从某种意义上来说，华为与美国不应该发生冲突，至少不应该如此严重。而且华为公司的技术进步以及在全球市场的布局并不会对其他国家造成什么危害，美国也不用为此感到担忧；在5G领域内的技术竞争以及其他领域内的技术竞争本质上都是以和平的形式存在的，美国不要总是将那些竞争对手当作一种巨大的威胁来对待，因为技术竞争的背后实际上也属于技术共享以及共同进步，它是一种和平竞争。

按照任正非的说法，华为从来没有将技术优势当成压制和打击竞争对手的武器，也没有想过将技术竞争当成一种不良的竞争手段，而是遵循最基本的竞争原则。对于华为来说，技术应该是开放的，应该是服务于全世界的人民，应该为整个人类社会的繁荣发展提供助力，而不是一种私藏的大杀器。华为人喜欢竞争，也希望整个世界处于良性的竞争状态，因为只有竞争才会有进步，只有竞争才能激发和推动更大的科技成果的产生。

在过去几年时间里，华为成了世界上最具竞争力的通信公司和热度最高的科技公司之一，它的蓬勃发展让所有竞争对手都感到恐慌，但是华为从来没有在技术领域进行恶性竞争，没有试图进行技术垄断，没有利用技术优势漫天要价，没有利用技术打压对手，没有利用技术搞乱整个市场的生态环境，也没有进行技术上的偷盗和侵权，没有对其他对手的技术水平进行抹黑和贬低。在其他西方公司都忙着如何利用技术优势来提高价格的时候，任正非以及华为所想的是打造一个和谐的竞争环境。

2020年1月份，在参加达沃斯世界经济论坛时，任正非曾接受了专访，其间他特意谈到了美国对华为打压的事情，对科技的性质进行了全新的定义：首先要看到科技是向善的，科技的发展不是为了作恶，而是为了向善。人类经历了漫长的历史，在过去几千年的时间，人们技术的进步和人们生理的进步，基本上是同步的，人们内心没有恐慌。计算机能力极大提升，已经让信息技术遍布了世界。他认为人类在新技术面前总会利用它来造福这个社会，而不是利用它来破坏这个社会，因为整个社会的绝大多数人，向往未来幸福的生活，不是向往受折磨。

在任正非看来，技术本身就具有向善的属性，人们不应该人为地给它一些负面的引导和负面的定义，政治捆绑、意识形态捆绑、东西方文化差异的捆绑，这些都会导致技术竞争变成恶性竞争。在谈到美国政府的一些充满恶意的竞争行为时，任正非始终觉得美国有些反应过度了，毕竟在过去几十年的时间里，美国一直是世界上唯一的超级大国，无论是经济、军事还是科技实力，都遥遥领先其他国家。美国认为自己应该在各个领域保持领先优势，认为自己在所有的领域都应该保持绝对的优势，当华为在5G方面取得领先时，自然会引起美国的不满。但是美国心里不舒服，不代表世界其他国家也对华为不满。无论是谁在5G领域获得重大突破，本质上都是顺应世界科技发展潮流的体现，都体现出了为人类社会谋求福祉的愿望。如果大家都狭隘地看待技术竞争，那么5G的发展，以及6G和人工智能的发展，都会受到严重的阻碍。

早在十几年前，那个时候的华为还在艰难地开拓国际市场，根本不具备什么竞争优势，但是华为从来没有去抱怨和抨击过竞争对手，反而一直抱着学习的心态去了解更多先进的技术和先进的管理经验。当华为越来越强大的时候，华为公司开始在某些领域崭露头角，并且获得了一定的技术优势，此时的华为并没有打压竞争对手的意识，而是努力将技术竞争控制在合理的竞争范畴之内。而且任正非始终坚信一点，那就是技术竞争都是合理竞争的一部分，只要公司将产品打磨好，只要技术领先，那么就不用害怕找不到合作伙伴，就不用担心自己的市场会被人封杀和破坏。华为坚持的一条底线就是做好自己的技术研发和产品研发工作，争取让自己成为市场上最受欢迎的供应商。

事实也的确如此。那些试图将华为公司恶魔化、将华为公司排除在外的公司和国家也会因为排斥华为而人为地推高5G应用的成本，而且会大幅延迟5G的推广时间，而这会导致它们在5G时代落后于其他对手。英国政府曾经多次表示，如果有人试图说服政府将华为的产品排除在外，那么就需要找出最佳的替代性供应商，而事实上没有一个供应商拥有华为这样的优势。很多欧洲国家都在面临美国的施压，但谁都明白一旦脱离了华为，它们暂时还找不到更好的替代者，华为的技术优势、价格优势以及原有的设备更新体系优势都是其他供应商无法比拟的。

也正是因为华为始终认为技术竞争是一种和平竞争，认为技术优势会带来广阔的市场，华为一直都保持着精准的、合理的对外竞争模式，积极进行技术投入和技术研发工作，确保公司可以保持强大的吸引力。

过去我们是为了赚点小钱，现在是为了要战胜对手

2019年，华为公司发布了〔2019〕78号总裁办电子邮件。在邮件中，任正非强调："我们要打造一支铁军。不管是在'炮弹'下还是在'糖弹'下，我们用3~5年时间完成人员的思想建设、组织建设以及让优秀员工走向合理的岗位，建造一支战无不胜的队伍。铲除平庸从高层做起，从AT团队做起，那么我们是必胜的。

"同时，我们也要引进各种'丙种球蛋白'。大家也看到，我们破格提拔了一批应届生，这会在大学学术界掀起一个风暴，让天才成批来。今年年初我们给俄罗斯科学家按中国薪酬标准提升待遇，合理地提升了科学家的职级，当我们把这个灯塔亮起来时，就会在俄罗斯科学界引起躁动。今年4月我去俄罗斯，给3名曾获得全世界计算机大赛冠军的本科生定薪1500万卢布，以此为标杆，还要把'榜眼''探花'都招进来，因为这是世界级竞赛。所以，将来我们公司会进来一批'丙种球蛋白'，希望和我们的大平台产生异化作用，用这些'泥鳅'激活我们19万人组成的稳定的组织平台。过去我们是为了赚点小钱，现在是为了要战胜对手。我们一定要有宏大心胸，容纳天下人

才，一起来进行战斗。"

按照任正非的说法，华为之所以要强化队伍建设，目的很简单，也很直接，那就是改变过去那种在边缘市场挣小钱的想法，进军国际主流市场，并且要战胜对手。事实上，任正非一直都认为自己的性格是善于妥协、善于投降的，他也不善于进行斗争。早在十几年前，任正非和高层曾经考虑将华为公司出售给摩托罗拉公司，价格是100亿美元。当时双方已经谈妥了相关的交易，而且也都签好了合同，可是摩托罗拉董事会换届之后却直接否定了这一笔交易，这对华为是一个打击。任正非当时就出售华为公司的问题询问了公司里的老干部和少壮派，少壮派们都坚持在电子领域继续做下去。由于摩托罗拉的拒绝，任正非听取了少壮派的建议，咬牙坚持下去，并且他豪情万丈地告诉所有人，既然已经放弃了出售公司的打算，那么所有人需要明确一点，那就是10年以后，华为将要面对与对手竞争第一的局面，要面临与竞争对象一决高下的情况，因此所有人从那一刻开始就要为那一天的到来做好充分的准备。

华为将发展对标美国，这本身就是一种魄力，也是一个积极的战略部署，为的就是进一步刺激公司内部的竞争意识和发展动力。也许会有很多人觉得任正非在刻意回击对方，故意让对方难堪，但任正非觉得华为的发展和崛起本身就是一个趋势，而且华为要想变得更强，就要以超越对手为最终的目标。

2010年5月，美国总统在电视上发表了这样一段满怀恶意的谈话："如果中国人要过美国和澳大利亚的生活，（这对）这个世界是灾难性的。"后来任正非在看到这个谈话视频时说道："Google地图最近展示，中国沿海的海边有非常多的小房子，网箱养殖，中国很多海鲜是人工饲养，并不完全是自然捕捞的，没有伤害世界持续的平衡。当然，中国人要节俭，现在太铺张了。所以，接受中国的崛起，希望中国是和平崛起，不要有战争对抗，这才是我们真实的目的。战争的能力在美国，只要美国不想打仗，世界上没有人想打仗。如果中国的崛起给世界很大的担心，我认为这担心可能是多余的。"

在任正非看来，中国的发展并不会对美国产生什么危害，更不可能引发世界上两大经济体的对抗；只要美国人不挑起战争，那么没有人会主动想要和美国打仗。在多年的对抗中，任正非对美国越来越了解：这个技术出众但却霸道、专横的对手，一直以来都不喜欢华为，都在想办法压制和排斥华为，为的就是避免国内企业在竞争中输给华为，但事实上，美国的通信企业已经拉开了距离，华为已经变得越来越强大，重要的是，华为人的自信心也越来越强。

就通信领域而言，华为的崛起是必然的，美国应该以正确的心态来看待这一点，就像以平和的心态看待中国的崛起一样。在任正非看来，中国崛起是一个大趋势，不是任何外在力量能够阻挡的。中国的崛起是和平的崛起，不会对任何一个国家产生威胁；华为的崛起也是和平崛起，不会对任何一家企业产生危害。更何况，无论是中国的崛起，还是华为的崛起，本身都会对世界产生积极影响，会给更多的外国企业创造利润。比如华为的生产线上有很多是德国引进的设备，生产系统使用的是德国西门子的软件、博世软件、达索软件，华为的崛起带动了很多欧洲厂商的发展。这就像中国崛起一样，中国贫困的时候，欧洲人是难以将生意做到中国来的，因此市场很有限；当中国发展起来之后，变成了世界上最大的消费市场，欧洲人可以将技术、设备、奢侈品一同卖到中国。因此，任正非希望美国以及欧洲能坦然地接受华为的发展，能够同华为一起为世界的进步做出贡献，而不是总是试图将华为踩在脚底下，这样只会让西方国家错失更大的市场。

在描述美国和华为的关系时，任正非非常巧妙地将华为比作学生，将美国比作老师，虽然强调了要攀登高峰，但任正非本质上还是感激美国的，因为华为的发展就是遵照了美国企业的发展模式。他也能够理解美国对华为发展的一些敌意："从来都是学生超过老师的，这很正常。我这个学生超过老师，老师不高兴打一下可以理解的。世界流体力学和空气动力学是一对父子发明的，伯努利父子。这个父亲很生气自己的儿子在空气动力学研究上超越他，就迫害他儿子，他儿子也是他的学生。美国是我的老师，看到学生超过他不舒服也很正常。没关系，写论文的时候加一个名字，把它放在前面就行了，我们放在后面。"这是华为的强大和自信，也是华为在应对外来威胁和竞争时的广阔胸襟。

技术能力比信任更加重要

2018年、2019年，是华为5G技术发展的重要年份。在这两年时间里，5G成了新兴技术中出现频率最高的词之一，也成了华为最大的名片。许多人在提到5G技术的时候，第一时间想到的往往就是华为公司。但当华为的形势一片大好时，以美国为首的一些西方国家开始恶意打压华为，许多人对5G技术不信任，甚至担心5G技术会对生活以及健康造成负面影响，再加上5G技术的复杂程度超出了人们的理解，以至于容易出现各种误解。在面对诸多困难时，任正非始终保持耐性，坚决用技术实力和竞争优势说话，他觉得技术能力比信任更加重要。

"因为只有信任，没有能力，做不出产品来是没有价值的。把产品做出来了，你不信任，但总有人信任，他们用了以后，对这个国家的经济发展有促进，这就给不用的国家一个提醒——'你不用，就会落后的'。比如，英国人刚发明出火车的时候，社会对火车的评价也有负面的。中国第一次使用火车，认为火车很恐怖。慈禧太后坐火车时不坐火车车厢，她要坐火车头前面放的那把椅子，她说'不能有谁超越皇帝'。但是火车给社会带来巨大进步，原来阻挠火车发展的国家最终也是火车遍地。

"所以，任何东西有先进性，它一定要造福一个地区的人类。当被造福的时候，人们就会感受到这个新技术对他们是有好处的，而不会去排斥新技术。纺织机械最初是英国发明的，当时工人们也把纺织机械当成恐怖的威胁，用铁锤把它砸掉。但是至今，全世界最好的衣服面料还是英国产的，说明先进技术对一个国家的促进就给周边国家做了榜样。我想，这种榜样的力量将来是无穷的，人们会去比较、鉴别。"

好的技术一定会受人欢迎，这不是简单的政治因素可以干扰的。许多人觉得中美之间的贸易摩擦以及各种各样的纠纷，始终为核心科技竞争中产生的不信任现象，包括美国制裁华为也属于不信任。对此，任正非直接表态，认为所谓的信任或者不信任本身就是建立在技术实力是否过硬的基础上的。

他认为美国提到的安全问题应该是一个伪命题，华为没有办法说服恶意打压华为的美国政府，因为这是没有任何理由的打压行为，但华为有机会也有能力说服其他国家，包括美国的盟友，很多欧洲国家以及日本、韩国、沙特等国家，都在使用华为的产品，而且都有了一二十年的经验，它们对华为设备的性能以及安全性非常信任。

相比于其他公司的产品，华为的设备一直都很先进，无论是耗能指标、带宽指标，还是体积、重量上的指标，华为都达到了世界最高标准，其他竞争对手难以企及。任正非在介绍华为5G设备的性能和优势时举了一个例子，华为的设备安装非常轻便，员工只要手提着设备就可以上基站，根本不需要花费力气建造又高又陡的铁塔，不需要拉来工程吊车作业，这些便利和优势实际上都可以帮助客户节约更多的成本。华为的5G设备非常适合欧洲，尤其是欧洲的一些老旧房子：按照原先的设备安装，房子将会承受很大的重量，甚至不得不花钱改变房屋的结构，而安装华为这种轻便简单的设备，就能够让问题迎刃而解。欧洲没有理由拒绝这些好产品。

关于华为面临的一些压力和质疑，任正非认为，原因在于中国在很长一段时间内都是以落后者的形象出现在世界舞台上的。在多数国家的想法中，中国积贫积弱，短时间内是不可能追赶上来的，或者说根本没有任何追赶上来的可能。但是随着中国人的奋斗，事情显然超出了外国人的预期，中国不仅全方位地追赶西方国家，还在某些领域获得了领先。在这种较大的心理落差面前，很多西方国家自然会感到不可思议和不信任，美国更是如此，但时间证明了华为的技术是可靠的。所以欧洲国家愿意相信华为，并为华为提供了大量的5G订单。对此，任正非觉得欧洲对华为已经够宽容、够信任了。

在2020年2月4日，华为公司驻欧盟机构首席代表刘康在布鲁塞尔对媒体宣布了一个重要的信息，那就是华为已经着手在欧洲选址，准备建厂生产5G设备产品。2020年1月28日，英国国家安全委员会签署了华为有限参与英国5G网络建设的协议。前一天，欧盟内的一名高级官员对外表示，欧盟会制定严格的规则但不会禁止华为在欧洲开展5G业务。英国政府和欧盟委员会也分别发布了有关5G建设的一些政策文件。这些政策文件的发布实际上表明了华为在欧洲得到了足够的认可，当地已经同意为华为进行5G建设开绿灯。尽管这些政策中也设置了一些限制性的条件，但至少表明欧洲并没有跟随美国一同来打压和排斥华为，或者说欧洲认定了华为技术的优势。

不仅仅是在欧洲，很多国家和地区都将5G建设的订单交给华为。这些都是在美国打压的情况下获得的成绩，可以看出华为的竞争优势。这种优势源于两个方面，最重要的一点就是华为的5G技术是世界上最先进的，就算是美国也无法在这一领域对华为形成威胁。

虽然欧洲以及其他地方的很多国家都将业务交给了华为，但它们也提出了一些条件，那就是拒绝将核心网的组建交给华为，也就是说华为的核心网设备不能卖到这些国家和地区。这样的限制对华为并不会造成太严重的影响。虽然华为也希望能够将核心网设备卖出去，但这并不是最重要的，毕竟在一个移动通信网中，基站才是数量最大的设备，也是华为赢利的基石，相比之下，核心网设备的占比非常小。只要华为能够卖出基站和相应的传输设备，那么就可以保证不错的盈利。可以说，西方国家能够接受基站，那已经是对华为足够的认同和信任了，也足以证明华为技术的强大。

保护信息安全，尊重客户的隐私权

2019年年底，得知欧洲国家制定各种立法措施来限制华为公司在欧洲市场的业务拓展以及带来的潜在威胁时，很多美国媒体都在欢呼，他们觉得华为开始在欧洲市场失势，至少华为不会像之前一年一样受到追捧。对于欧洲的做法，任正非并没有急于批评，也没有表现出任何不满，他强调自己非常尊重欧洲国家在国家安全、信息安全以及数字主权方面所做出的任何努力：

"我非常支持欧盟新的数字主权方面的战略。以前的财富是以物质为主，因此地缘政治很重要。现在是信息社会，信息没有边界，数字主权就显得很重要了。新的欧盟政策，就是要基于事实来判断，所有公司都应该事先承诺不做坏事，事后审计是不是做了坏事，如果都没有违反，那就是一家好的公司，可以在欧洲生存下来。当然，欧洲的规则应该是普适所有公司，不是针对华为一家公司的。欧盟关于5G网络安全风险的评估报告可能会在全世界推广。我认为这个报告是积极的，是好的，我们不担忧，因为我们从来没有干过坏事，无论怎么规定，只要认真审查，我们都可能获得机会。"

为了获得欧洲国家的信任，也为了表明自己一以贯之的服务准则，华为曾主动与欧洲国家签署了"无后门协议"，意思就是说华为不会在交付设备和帮助欧洲组建通信网络时，安装一些窃取信息以及威胁他国安全的设备。在华为内部，客户的隐私大于一切，客户的利益高于一切，这些是华为对外输出产品、劳务和服务过程中一直坚守的工作理念，而且在对外发展的20多年时间里，华为一直都在做出良好的表率，并没有出现过什么威胁他国安全的行为，也没有出现什么恶意攻击他国信息网的情况。

事实上，华为在进军欧洲市场的时候，一直都在接受最严格的检查。华为的通信设备和终端产品都经过严格的检查与审核，接受的这些检查比其他公司要严多了，但华为一直都在证明自己是一家靠得住的企业，证明了华为在各个方面都是经得起考验与检查的。尽管在某些细微之处，华为可能还做得不够到位，还存在一些漏洞，但是多年来华为一直都在配合欧洲国家积极改进，确保所有的信息都是安全的，因此华为并不担心和害怕与其他国家签署"无后门协议"。

在谈到"无后门协议"的相关问题时，任正非坦言："现在我们投入大量研发经费解决适应欧洲GDPR的隐私保护（问题），我们公司把未来五年网络进步的目标确立为网络安全，把隐私保护作为高级目标。二层目标就是要建立极简的网络、极简的设备、极简的产品，使网络变得更加简化、更加安全、更加可靠、更加快捷，以此作为我们的支撑目标。我们正在努力做这件事情，所以我们敢跟各个国家的政府承诺，我们可以保证这件事情是我们所能做到的。"

尊重客户的隐私一直都是华为对外关系中非常重要的一项内容，

也是对外管理的一个重要组成部分。对于华为公司而言，这是华为强化对外关系、扩展对外业务、强化市场影响力的基础，也是华为公司在市场上运作的底线。

在某一次接受采访时，有外媒记者不怀好意地谈到了华为对其他国家的网络攻击和安全威胁，任正非非常坚定地做出了回应：华为从来没有利用技术走后门，而且在过去30多年的发展过程中，公司持续为全球170多个国家以及30亿人口提供通信服务，可以说还没有一起窃取客户信息的案例出现。这些足以证明华为是一家奉公守法、尊重客户隐私权的公司，因此华为的信息保护技术和保护信息的决心是值得信赖的。反倒是某些西方国家一直都在搞信息监视和网络攻击，给其他国家的信息安全制造严重的危机。

事实就是如此。如果华为真的有什么不轨的行为，如果华为真的被人抓住了把柄，那么它也许早就被击垮了，美国也绝对不会像现在这样只是进行一些无证据的恶意抹黑。作为世界上最看重人权的国家，美国在信息安全保护方面的成绩其实一直都很糟糕，在世界上的口碑也几乎是最差的，它根本没有任何资格去指责其他的国家和其他的公司。

华为在信息保护尤其是客户信息保护方面的工作做得非常到位，充分尊重客户的隐私权，真正践行了以客户为中心的理念。而对于隐私以及信息侵权，任正非有着自己的理解，他尊重各国对本国公民的信息保护和隐私保护，觉得无论哪一个国家都应该强化隐私保护的立法，确保所有人的信息得到公正的对待。比如华为的海外分公司非常重视信息安全，很多墙面上和桌面上都有小贴士：客户数据信息禁止发回中国。不仅仅是客户信息，就连员工信息也会受到保护。在德国、意大利等国，公司非常重视保护员工隐私和权益，如果有人想要采访分公司，想要在办公区拍照，那么首先一定要征得员工同意。

但实际上不同国家对隐私的界定和理解都是不同的，在有些国家，人们可以将他人的照片发到网上，但是在某些国家，这种行为就侵犯了肖像权和人权。中国以前也很保守和封闭，可是现在的年轻人会放得很开，他们非常乐意与人分享自己生活的点点滴滴，非常乐意将自己的信息贴到网络上和大家共享。尽管这样的做法存在很大的安全风险，但问题在于很多时候，年轻人并不觉得这有什么，它甚至成了年轻人生活中不可缺少的一部分。

对此，任正非觉得隐私保护最重要的并不是强调信息的保密，而是要强调隐私保护对社会以及个人安全的维护，在必要的时候，信息是需要公开且需要一个监视系统来维护个人信息的安全的。任正非举了一个例子："十几年前在深圳，每年骑着摩托车抢女孩子包的事件大概有1.8万件，去年是0件；去年杀人命案有94宗，但全都破案了。中国的社会治安反过来比全世界任何国家都好，特别是我们的孩子从国外回来以后，都觉得中国的治安好。但它也牺牲了很多人的隐私，包括我的隐私，我开车走到哪儿，摄像头就把我拍下来传上数据库了。"不过，任正非觉得数据库是有权限的，任何人都不能私自查看这些信息数据，就连警察破案也需要走法定程序，获得批准后才能阅读数据库的资料。通过这样的查案方式和监督方式，整个深圳的犯罪率不断下降。

中国对信息的管控实际上更为合理，不会随便侵犯公民的隐私，但是在必要的时候会通过一些信息监督措施来确保个人信息安全得到保障。相比之下，美国在隐私管控方面存在一些极端表现：比如美国发动的棱镜门事件，本质上就是对全球国家进行监视，而且就连自己国家的公民也不放过，这样做完全是违法的；而另一方面，美国在平时又过于宽泛地所谓尊重隐私，反而有时对生活产生了很大的负面影响，比如有的人去商场会偷偷藏枪，但是美国标榜重视人权，一般情况下，商场保安是无权检查的，结果很多时候导致枪击案发生。

所以，任正非觉得隐私保护、信息保护更像是主权国家内部的事情，外国人是无权干涉的，大家都会按照各自习惯的标准执行，而不会形成一个统一的标准。中国企业到了美国自然会遵守美国那边的法律规定和行为准则，而美国企业也需要适应中国的信息管理模式。最重要的是，一定要尊重客户的隐私，一定要确保客户的安全得到保障，这样的信息管理才是成功的。

还有一点很重要，华为本身只是一个管道，负责提供信息流和数据流，至于信息的内容是什么，这些信息用来做什么，华为根本无权过问，都是运营商在做的事情。华为的基本工作就是保护输送信息的管道不会出问题，没有漏洞，没有破损，没有产生信息流失的情况，保证信息的高效传输。

市场经济=客户+货源+法律

多年来，人们印象中的华为在看待市场经济的时候，始终都在坚守"以客户为中心"的原则和标准，这似乎是华为在发展市场经济时最大的一个标签。按照任正非的说法："如果说华为公司有哲学，就一点，'以客户为中心，为客户创造价值'。因为钱在客户口袋里，有三种方法可以拿到这个钱：第一，抢，这是犯罪；第二，偷，也不行，要在派出所待一段时间；第三，客户心甘情愿把钱给你，你必须要提供好的商品，为他提供需要的服务。所以，秘密就这一条。"能够提供好的产品和好的服务给客户，这就是一个企业生存的最基本秘诀。企业必须满足客户的需求，这就是任正非一直看重的东西。

但在很多时候，仅仅为客户提供好的产品和服务，还不足以在市场经济体系下获得绝对的生存保障，因为市场充满竞争，充满资源的分配问题，为了抢占更多的资源和利益，企业就会想办法采取一些策略，其中就包括恶意竞争、非法经营、恶意炒作、虚假广告、欺诈客户等非法策略和行动。通过不合法的行动，可以在短期内获得个体利益的最大化。要想确保大家在一个公平的、开放的、有序的市场环境中生存，就需要想办法建立一种规范机制，而法律是维持市场规范最重要的保障。

一个合理的市场环境，一个充满良性竞争的市场环境，必须依赖法律的约束，可以说法律是维持市场保持有序局面的一个重要保障。任正非说过："市场经济就两个东西：一是客户，一是货源，两个的交易就是法律。客户我不能掌握，那我应该掌握货源。我以前就是搞科研的，接着下来我们就研究产品，把产品做好卖给客户。"

按照他的说法，一个合理有序的市场经济应该是有规则条件下的自由交易，其中客户代表了市场，货源代表了产品或服务，而法律代表规则。在市场经济中，许多人往往关注市场和客户，关注产品以及服务，却忽略了很重要的一个因素，那就是规则。如果没有规则，那么市场经济中的交易可能就会陷入无序状态。

华为公司在拓展市场的时候，一方面关注客户的需求，另一方面则尊重法律，并利用法律来武装自己。为了应对复杂的市场环境和激烈的竞争，华为一直都在借助法律来保护自己的合法权益，确保自己不会被那些不合理、不合法的竞争方式伤害到。

最常见的一种就是对专利的保护，对技术的保密。比如华为公司研发了一种新技术和新产品，并且新产品受到了市场的关注，在短时间内就获得了很大的收益。这个时候其他竞争对手开始眼红华为的新产品，于是进行侵权和仿制，结果竞争对手的产品也大卖，而且服务态度也不错，这直接影响了华为的收益。如果没有法律的制约，如果不善于运用法律武器来保护自己的权益，那么这家公司的侵权行为将会越来越猖狂，或者会出现越来越多侵权的竞争对手，到时候整个市场的秩序也会越来越乱。在那之后，就不会有企业投入巨资进行研发和创新，他们只需要在市场上仿制华为公司的技术和产品就行，这样一来，整个市场的创新机制就会被破坏，而华为也会因为市场和客户被抢走而失去竞争力，最终会在市场上失去生存的基础。对于那些不法供应商和一些侵犯专利技术的竞争对手，华为会毫不犹豫地开展维权，通过合理合规的方式与对方进行沟通，在必要的时候则拿起法律武器维护自身的权益。

同样，如果缺乏法律的保护，那么企业在出售产品给客户和消费者的时候，可能会弄虚作假，会以次充好，会想办法破坏原有的协议。企业可能会将不合格的产品卖出去，可能会相互构陷、相互违约，这会导致原有的合作以及商业贸易陷入困境。对此，任正非要求华为人必须以身作则，不能够做任何违法的事情，不能为了挣钱就挑战法律的底线。

多年来，任正非一直都有看书的习惯，而法律方面的知识也是他喜欢研究的。在他看来，当今时代的竞争越来越激烈，企业之间出现纠纷的频率只会越来越高，而且纠纷的复杂性也会增加。为了适应这种日益复杂的市场环境，企业家需要更多地了解相关的法律，需要在内部灌输和强化法律意识，确保团队成员不会出现违法乱纪的行为，不会做一些法律框架之外的事情；那些违犯法律的员工将会直接被开除；公司平时会强化对员工的法律教育，增强员工的法律意识。即便是合作伙伴触犯了法律，也会被追责，双方也会终止合作。

据说华为与合作伙伴进行商业合作的时候，双方会签订一份《合作伙伴行为准则》，在这份准则中会明确做出规定："禁止合作伙伴通过虚假项目、虚增客户需求、阴阳合同以及提供虚假签收单、虚假验收单等方式协助华为员工确认虚假收入、提前确认收入、故意延迟确认收入等。禁止合作伙伴通过任何形式伪造华为公司印章和公文函件。"华为意识到很多合作者尤其是供应商会做一些违法乱纪的事情，考虑到双方可能存在比较大的贸易往来，有很多企业可能会选择睁一只眼闭一只眼，但华为从来不会这样，所有华为人都被要求要坚守法律底线。

正是因为了解市场经济，尊重市场经济的规则，华为才能够在市场上赢得客户的信任和同行企业的尊重。比如在2012年和2013年，欧盟贸易专员突然对华为发起反倾销、反补贴调查，他们认为华为的产品价格偏低，存在倾销的嫌疑。正当媒体大肆抨击华为时，爱立信、阿朗（阿尔卡特和朗讯的合资公司）、诺西（诺基亚和西门子的合资公司）等公司都纷纷站出来为华为背书，直接声援华为，认为华为多年来一直都表现得很规范，从来没有过任何恶意竞争的行为，这一次也没有实行低价倾销策略。这样的背书，实际上显示出了华为在市场上的经营管理行为是值得信任和尊重的。

保持统一，才能共同进步

在5G时代，不同物品之间的连接性会增强，人们会生活在一个更加统一的社会大环境当中，而这种统一首先要建立在统一的技术标准基础上。5G也是如此。作为一种先进的通信技术，要想发挥出5G的价值和优势，就需要确保国际上形成统一的标准。在3G时代，世界上存在3种不同的标准，4G时代则有2个标准，这些不同的标准都在一定程度上阻碍了技术的应用，阻碍了世界各国网络的连接。到了5G时代，各国统一了标准，确保全世界可以在一个标准架构上实现未来的连接，而这个连接能够更好地支撑人工智能的发展。

华为并不是标准的制定者，但一定是标准的坚守者和拥护者，华为不愿意将5G标准分裂成N种不同的形式，不希望整个世界处于相互脱钩的状态。如今的世界好不容易融成了一个技术的统一体，如果轻易脱钩了，那么总体上对人类创造新财富非常不利，因为一旦市场被划成一小块一小块，一旦技术无法形成统一标准，就会带来高成本，导致资源的浪费，并造成国与国之间交流、合作与贸易的困难。

6G以及后续的7G时代，追求的是万物互联，而万物之间相互联通的一个重要基础就是标准的统一。在5G时代，这个标准就应该得到统一。中国在5G时代走到了世界前列，而美国有必要和中国使用同一个标准来发展5G技术。在过去，很多东西实际上都不是一个标准，比如欧洲和日本的很多家用电器都是110伏的，家里的线路也是110伏，而中国家庭的标准用电模式是220伏，这样就会造成电器无法通用。还有打印机也是一样，过去的很多打印机都不是统一标准的，因此换一个地方，打印机可能就无法操作了，打印出来的模式可能也会出现不同。

为了进一步推动5G标准，任正非非常大度地表示可以将5G技术进行国外授权，而美国一定是优先考虑的对象，因为美国是西方国家的领袖，也是世界上经济最发达的国家，只有授权美国，5G技术标准才会更快地推广开来。此外，像欧洲、日本和韩国都有5G技术，只有美国最需要这些新技术。任正非甚至表态：首先，所有的专利是公平地、无歧视地授予这个公司。其次，在5G这个专有技术上，沿承其源代码、硬件技术、测控、交付、生产的经验，如果需要的话，芯片设计也可以授权。

2019年9月9日，《纽约时报》专栏作家托马斯·弗里德曼对任正非进行了采访，双方针对华为的发展、华为与美国之间的冲突进行了交流。在访谈中，托马斯·弗里德曼谈到了一个深层次的信任问题："在我看来，过去30年，中美贸易交易的大多是表面的商品，比如说我们身上穿的衣服和脚上穿的鞋子。但华为所代表的意义在于，你们向美国销售的5G技术已经不再是表面的商品，而是'深层商品'。你们现在走在中国的最前端，你们研发出来的许多技术实际上会深入到美国的大街小巷、家庭、卧室，会涉及个人隐私。这是个新事物。

"提到'深层贸易'，我们之所以能向中国销售这类'深层技术'，是因为你们没的选。我们拥有这些技术，如果你们希望获得这些技术，就得从微软或者苹果公司处购买。现在中国也想把'深层技术'卖到美国市场，因为'深层技术'是先进的技术，美国还没有和你们建立起进行'深层贸易'所需的信任度。因为这个原因，在我看来，要么解决好华为的问题，要么全球化就会走向分裂。"

在回答这个问题的时候，任正非就强调了给美国公司进行5G技术授权的愿景，无论是思科公司、苹果公司还是亚马逊公司，都可以成为授权的对象，这样双方可以在一个更深层面进行合作，并且建立起基本的信任与统一的标准。过去的中国从以美国为首的西方国家那儿引进技术，引进标准，确保全球技术的顺畅连接；如今中国的领先技术同样可以被美国企业引入，可以通过授权的方式建立统一的标准，接受这个标准就是一种信任。

许多人都觉得美国处心积虑地想要打压华为，就是担心华为崛起之后会将美国的通信企业全部挤出市场，因此美国一直都在给华为制造障碍和阻力。但华为却一直都在表态愿意将5G技术拿出来共享，愿意与日本、美国、韩国以及欧洲各国一起站在同一起跑线上。在谈及此举是否会导致其他竞争对手追赶甚至赶超华为时，任正非笑着说，华为并不担心被人赶超甚至打垮。在任正非看来，在一个良性的竞争环境中，势均力敌的双方能够将技术推到一个很高的高度；当一个强大的竞争对手出现时，华为可以在竞争中强化技术创新的能力；当竞争变得更加激烈时，华为才会有动力发展得更好更快，因为所有人都不能偷懒和懈怠，所有人都会保持旺盛的斗志，正如任正非所说："真把华为打垮我才真高兴，说明世界就更加伟大、更加强大了。但是如果华为跑得很快，我们跑得慢的羊都给吃掉了，都不用裁掉这些跑不快的员工，这些员工都让狼吃掉了，有什么不好呢？"

另外，华为有信心赢得再一次的竞争。华为拥有人才优势，还有充足的现金流，可以保障对科研工作增加投入，从而保证在竞争中不至于落后。

第四章

品牌经营管理：
打造世界一流的品牌

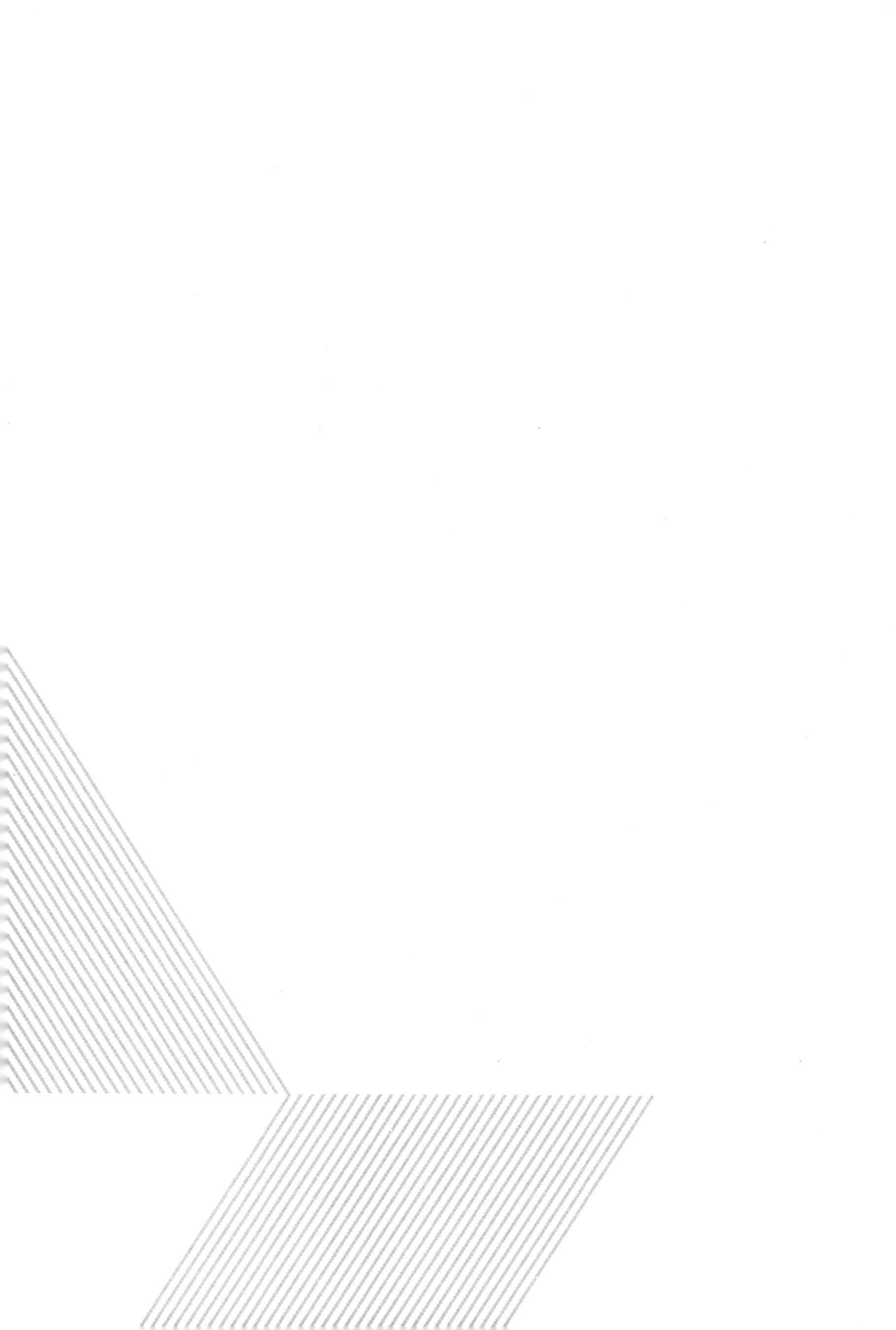

打造更具辨识度的品牌

在最近两年，华为几乎成为全球最火爆的品牌之一。强悍的技术、出色的服务、具有传奇色彩的成长经历、神秘而低调的特质，加上美国的全力攻击，这些都让华为这个品牌成为中国企业在国际市场上最近10年来最具代表性的品牌。但华为品牌的建立，绝对不是一朝一夕就完成的，它经过了一条曲折的发展道路，经过了30多年的积累，最终从一个低端品牌，变成了一个代表高效、创新、高端、开放的国际品牌，而且华为品牌的辨识度也越来越强。

具体来分析，华为品牌的成长大致经历了四个阶段，分别是认知阶段、定位阶段、情感打造阶段、建设阶段。以华为手机为例，在品牌的认知阶段，华为的做法比较简单、浅显，基本上都是依靠广告嵌入式的营销策略。最明显的就是华为在最初发展手机业务的时候，推出了运营商定制手机。这些手机的性能比较单一，价格也相对便宜，基本上都和运营商推出的一系列优惠政策捆绑在一起进行销售。这种手机在市场上不具备太大的竞争力，但是可以通过运营商的捆绑营销来强化品牌的宣传。

在品牌定位阶段，华为公司开始加强产品的宣传，为了让华为在市场上找到一个精准的定位，必须找到一个营销上的卖点，简单来说就是找到华为手机能够产生吸引力的点。由于起步比较晚，技术积累不多，华为手机基本上很难在技术上与对手抗衡，但公司巧妙地打起了一些不对称的竞争，当时通过华为手机待机时间最长和世界上最薄这两个定位来博得市场的关注。

到了品牌情感打造阶段，华为的技术开始慢慢成熟，但是一个科技产品除了技术加持之外，最重要的是灵魂，是情感的注入，最好能够引发消费者的情感共鸣，从而让消费者与华为手机产生更深的情感联系。这个时候的华为重点强调自己的努力奋斗、精益求精、团队精神、职业态度，而这些是在观看2005年春节联欢晚会中《千手观音》节目之后，所有华为人的感悟，表演者的这种文化气质完美地契合了华为人，所以华为公司开始推出千手观音文化，并用在了手机宣传中。

在品牌建设阶段，华为手机开始重点突出产品的性能以及艺术感，这个时候的华为不再单纯地将华为手机当成通信工具，而是当成一种生活中不可或缺的艺术品。在华为P20手机发布会上，华为邀请了著名艺术家王潮歌，她在谈论这款手机的时候，说了这样一段话："记录帮我储存记忆，想象力带给我表达。我觉得科技的进步对于艺术的延展、拓宽它的疆域有着至关重要的作用，它把一些东西变得可能了。"她还提到："很多人觉得艺术家观察世界和旁人不同，于我而言，这种不同是对于未知世界的极致探索。"很显然，华为P20拥有强大的摄影功能，它的推出就彰显出了华为强大而持久的探索精神，就显示出华为对未来世界、未来生活的极致探索，而这成为华为品牌的一个特质。

在2019年，华为手机的出货量已经达到了世界第二的水平，所依靠的就是强大的品牌影响力，而这种品牌影响力是积累了十几年才完成的。与华为手机相比，整个华为品牌无疑更具说服力，而且华为品牌的影响力也更大。真正重要的是，华为是一个非常有实力且拥有很强辨识度的品牌。在国际市场上，提到通信技术、提到5G，往往会想到华为，华为的技术优势、成本优势、工作效率、企业形象（神秘性）都会让华为在5G时代成为国际上极具辨识度的品牌。比如最典型的就是华为的企业文化，狼性的奋斗文化让所有竞争对手都感到恐慌，华为某前高管说过一件事："西方一家大公司的高管在参访华为研发办公室时，指着员工桌下五颜六色的垫子以很冷峻的口吻对同行的几位主管说：'总有一天，我们会败于华为的IPD和垫子文化。'"《经济学人》称华为是"欧美跨国公司的灾难"，《时代》杂志称它是"所有电信产业巨头最危险的竞争对手"。爱立信全球总裁卫翰思说："它是我们最尊敬的敌人。"而思科执行长钱伯斯更是说道："25年前我就知道我们最强的对手一定来自中国。"在他们眼里，华为的企业文化很浓，而且风格非常鲜明，浙西文化注定了华为是一个非常难缠的对手和一个强大而另类的品牌。

还有一个就是华为的LOGO，这个标识或许是华为品牌最直观的一个体现，而相比于原来密集型圆柱状线条（一共是15条长短不一的细长花瓣形成的扇形结构，代表了15个最初的创业者，下边是"华为技术"4个汉字）的标识设计，华为在2006年发布的新标识——只有

8个花瓣状的图案组成的图形，据说是代表了华为全球业务的8个分区，图形下边是华为的大写字母拼写。整个标识整体上灵动活泼，具有比较鲜明的时代感，而且简洁有度、饱满大方，预示着华为将会以更稳健的步伐呈现更具职业化、国际化的发展态势，总体上体现出了为客户需求积极创新的理念，体现出了为客户积极提供有竞争力的产品和解决方案，共同应对未来的机遇和挑战的决心。此外，整个标识非常对称、光影设计非常和谐，表明了华为积极构建和谐开放的商业环境的努力。

正如同华为公司在《华为企业标识更换致客户信》中提到的那样："我们重新思考了公司的品牌核心价值，更新了企业标识。新标识在保持原有标识蓬勃向上、积极进取的（风格的）基础上，更加聚焦、创新、稳健、和谐，表达了华为对客户的郑重承诺：我们将继续保持积极进取的精神，通过持续的创新，支持客户实现网络转型并不断推出有竞争力的业务；我们将更稳健地发展，更加国际化、职业化，更加聚焦客户，与我们的客户及合作伙伴一道，构建和谐商业环境，实现自身健康成长。"

无论是从外形，还是从内在含义来分析，新标识在整体上显然更具辨识度，与华为的整体形象相得益彰，因此更容易让人记住。

出色的品牌危机管理

早期的华为由于综合实力薄弱,在品牌建设方面并没有什么优势,那时主要以服务态度和价格优势在市场上立足,华为依靠这些优势慢慢建立起属于自己的品牌。当华为的技术、管理、人才都跟上竞争对手的脚步之后,华为就成为一个非常优秀的品牌。但是华为在发展过程中,还是出现了很多问题,尤其是当品牌建立之后,对于品牌的维护以及危机管理明显缺乏经验,相应的体系没有跟上技术研发和品牌推广的脚步。

较为明显的一个例子就是华为手机。华为手机的起步非常晚,而且一度只能在农村市场以低端手机的形态存在,那个时候根本没有什么竞争力。之后经过多年的发展,华为才慢慢在手机领域站稳脚跟。但是随之而来的问题也非常多,由于技术积累不够、经验不足、缺乏完善的生产经营管理体系,尤其是售后服务体系不足,导致很多人向公司总部投诉。

仅仅在2013年,华为公司就遭遇了3060起投诉电话,其中有1780起都是针对华为手机的质量问题的,顾客抱怨华为手机总是出现死机卡机的情况。不仅如此，还有750起是顾客直接抱怨华为产品售后服务不到位的，比如华为公司的手机质量承诺并没有及时兑现，华为手机的维修周期太长，部分售后服务店还会在维修过程中收取额外的维修费用。

由于应对品牌危机的能力不够强，到了2014年，情况还没有得到改善，仅仅是上半年就出现了6500起手机退货，这对于立志在手机领域获得发展并希望将自己打造成高端手机品牌的华为来说，无疑是砸招牌的事情。要知道，如果一家公司出现了如此多的质量问题和服务问题，就会对整体的品牌形象造成严重的冲击，非常不利于华为手机走向世界。

有一件事情不得不提，那就是在2013年12月16日，华为公司正式发布了一款转型之作：荣耀3C。值得注意的是，这款手机的机身上没有找到任何华为公司的LOGO，机身背后则出现了一个新的标签"honor"。这预示着华为准备将"荣耀"当成一个独立的品牌来经营，也预示着华为打算在终端市场树立属于自己的优秀品牌。

作为以独立品牌运作的第一款手机，荣耀3C在当时凝聚了华为的终端制造技术和通信技术，可以说是华为引以为傲的一款手机，无论是产品的外观、屏幕性能、拍照、电池续航能力、信号服务质量，还是手机的操作体验，都是非常出色的。不仅如此，荣耀3C还肩负着更加重要的使命。同样在2013年，中共十八届三中全会召开，当时党中央发出了全面深化改革的动员令，4G牌照开始正式发放。这对华为手机来说是一个机遇，谁先占领4G的商机，谁就可以在终端市场赢得更大的发展空间。2014年，荣耀手机进入了4G时代。在荣耀手机走上独立道路且赶上了4G发展的好时期，华为自然希望荣耀可以真正成长为一个强大的手机品牌。可是接二连三的投诉事件影响了华为的形象，手机领域的投诉事件更是让荣耀手机遭受牵连。

虽然事情后来并没有产生更坏的影响，但任正非和余承东都意识到，如果不想办法完善品牌危机管理体系，那么下一次整个华为品牌以及荣耀手机都将会遭受巨大的冲击，这对志在走向国际市场的荣耀手机非常不利，而华为苦心经营多年的国际市场布局恐怕也会毁于一旦。任正非见过太多类似的情况了，尽管看起来都是一些小事，可是一旦品牌形象受损，华为必将遭受打击，华为需要尽快推动品牌危机管理的建设。

当时华为内部有很多声音出现，其中呼声比较高的就是要求华为积极构建完整的预警机制，华为应当安排一个服务部门专门负责定期收集媒体信息反馈，并且要及时对一些负面评论做出处理。而多年来，华为正是这样做的，比如为了准确了解客户使用华为手机的体验和评价，华为开设了花粉（华为的忠实用户）俱乐部、推出了花粉客户端。花粉客户端是华为聆听花粉最真实声音的一个窗口，上面有华为手机的最新动态、华为手机的报价、华为新品发布，以及花粉们关于产品的探讨，可以说这是一个能够开展丰富多彩的线上线下互动交流活动的交流平台。通常情况下，会有相关的人员进行信息收集和汇总，将那些富有建设性的信息反馈到总部，确保对产品和服务进行进一步的完善。这样做可以防患于未然，将一些影响品牌形象的小问题提前发现并解决。

除了做好信息收集和反馈之外，华为的市场部会重点针对竞争对手的品牌经营策略、产品发布情况、市场发展状况进行分析，然后联系自身的发展情况进行对比，看看自己还有哪些方面做得不够好。在华为公司内部，会安排专门的负责人进行竞争对手的信息收集和分析，看看对手在经营品牌方面有什么经验值得借鉴，看看自己还有什么不足之处需要调整，并且要避免在品牌竞争方面落后于对手。

自然而然，品牌的建立始终离不开包装和宣传，而华为在过去一直都比较低调，尤其是与媒体打交道的次数非常少，这对公司品牌形象的宣传是不利的。这些年，华为采取了更加开放的策略，主动走近媒体，借助媒体的力量增强宣传攻势。不仅如此，华为还主动建立了一个以媒体关系为核心的紧急事件处理系统，强化应对紧急事件尤其是危机事件的能力。比如公司在处理紧急事件时，华为会安排发言人来强化华为的对外事务宣传以及与媒体的沟通。此外，公司内部还设立了荣誉部，其主要职责就是处理危机事件和紧急事件，在特殊情况下，它甚至具有调动一切资源的权力。

另外，华为内部打造了比较完善的危机管理系统，而相关工作也变得越来越清晰明确。当问题出现的时候，公司会对潜在的危机形态进行精准分类，积极制定各种预防危机的方针和政策。比如有一次，华为的一批新出厂的手机在运输过程中遭遇大火，很多手机虽然幸免于难，但是公司仍旧决定全部回收这批手机，不准出售到市场上。当时余承东觉得即便这些手机能够正常使用，也会埋下隐患，会影响客户对华为手机的看法。为了避免出现不必要的产品投诉和质量风波，余承东认为华为应该将有可能出现问题的手机全部回收，而不能为了节省成本就拿品牌形象冒险。

多年来，华为对品牌形象越来越重视，对品牌经营和管理尤其是危机管理的控制力也越来越强。对于任何可能危及华为品牌形象的不利因素，华为往往能够提前进行预防并采取多种方式进行把控，争取将风险降到最低。

打造强大的品牌资产

在日常生活中，常常会发现，同样是一双鞋，为什么耐克的普遍在一两千元的价位上，而一双质量非常好但牌子普通的鞋子，也许只要不到200元？究其原因就在于品牌不同。虽然就使用价值而言，耐克的鞋子未必就要比普通鞋子好上好几个档次，但耐克品牌溢价能力突出。一双鞋子的使用价值也许并不突出，但是品牌资产会分摊和添加到产品当中，这样一来，一双鞋子的价格自然贵到离谱。类似的品牌溢价现象在生活中非常常见，比如不同品牌的手机、不同品牌的冰激凌、不同品牌的西服、不同品牌的车子，它们的价格都会出现巨大差异，原因就在于每一个产品的品牌价值或者说品牌资产不同。

任何一个品牌都有自己的价值，越是优秀的品牌，拥有的价值往往也会越大，就像可口可乐公司一样，即便它的所有产品和营销点都报销了，仅仅依靠可口可乐的品牌，也足够在短时间内东山再起。当然，品牌资产不仅仅局限于品牌的价值，它还包含了一些情感因素。品牌资产是市场营销管理和商业战略管理的重要组成部分，这一概念的核心理念为：品牌是促进企业业绩增长的资产，简单来说，产品在有品牌和无品牌时的差距就是品牌资产。而品牌价值更多的是一种市场价格，是某一个时点的、用类似有形资产评估方法计算出来的金额，主要用于区别同类竞争品牌的标志。

品牌资产的鼻祖David A Aaker，在其著作《管理品牌资产》中，阐述了品牌资产的五个方面，即品牌忠诚度、品牌知名度、感知质量、品牌联想，以及其他品牌专属资产（包括专利、商标、渠道关系等）。建立品牌忠诚度，一方面可以提升销售量，另一方面则能够有效降低营销成本，相关的广告支出和宣传费用会减少，同时也能够有效降低客户的选择成本。拥有品牌知名度，则是一种非常高效的品牌宣传，一旦企业建立起强大的品牌知名度，就能够缩短客户从了解相关产品到喜欢相关产品的时间，让顾客更快更好地感知相关产品以及相关服务的质量，有助于在消费中形成差异化。品牌联想更多的是一种积极的态度和情感感染，可以帮助品牌进行扩展，比如最常见的品牌联想就是产品或者企业的符号。至于品牌的专属资产，一般包括专利技术的多少、商标的价值、产品的销售渠道等：一个品牌如果涉及的专利技术很多，那么就代表了这个品牌的硬实力突出；而商标的价值是一种无形资产，好的商标设计是可以为品牌加分的；渠道多少则显示出品牌的市场竞争力，LV是不会出现在杂货店或者地摊上的，它只会通过一些高档经营场所出售，这就是它的品位和地位。

对于华为公司来说，多年来不仅积极建设和打造一个强大的民族品牌和世界级别的大品牌，还努力提升品牌资产。在2019年度的全球品牌价值500强企业中，华为以622.78亿美元的品牌价值名列第十二，与2018年相比提升了13位，品牌价值增长幅度达到了惊人的63.7%。正是华为品牌资产的提升，带动了华为品牌价值的提升。华为在打造品牌资产方面采取了多种有效的管理方法。

比如，在品牌忠诚度的强化方面，华为始终坚持"以客户为中心"的服务宗旨，在技术水平偏低的时候，华为主要通过服务来获得客户的信任。比如在西方国家过圣诞节的时候，很多通信设备制造公司和运营商会休假，导致很多用户的通信受到影响，而华为公司不一样，即便在圣诞节也会努力帮助客户解决通信问题。正是这种最高水准的服务态度，赢得了欧洲客户的信任，才使得华为可以在欧洲市场站稳脚跟。而这种良好的服务态度坚持了十几年，使得华为赢得了一大批忠实的客户。随着技术能力提升的加持，华为的品牌知名度也不断提升，尤其是在5G研发领域的领先优势，更是让华为变成了家喻户晓的超级公司。事实上，在2019年与美国的博弈中，任正非最大化地借助媒体的力量宣传了华为，使得华为在这一次危机中进一步提高了知名度。

当品牌知名度建立起来的时候，任正非谈到过华为产品质量的问题，他认为当美国举全国之力来打压华为时，恰恰表明华为非常强大，华为的产品质量非常出色，才使得美国感到恐慌。在媒体面前，任正非借力打力，将美国带来的压力转化成为华为在全球市场上突围的动力，而且这样的宣传比任何广告都要来得更加真实、更加有效，所有的潜在客户都会产生这样的认知："既然连美国都感到害怕，那么华为产品的质量一定非常出色。"外界的宣传无疑让客户在感知质量时产生了更好的印象。

至于品牌联想，华为拥有很多优势，比如华为的LOGO具有很高的辨识度，可以最大限度地提升华为品牌联想能力，华为的5G技术会强化客户的联想能力，任正非也是华为的重要标签。只要提到这些元素，往往就可以联想到华为公司，联想起华为的品牌。在最近几年，随着华为走上行业第一的宝座，随着华为技术优势的不断扩大，华为品牌实际上越来越深入人心。

在其他品牌专属资产方面，华为也展示出了不同凡响的实力，最典型的就是，华为多年来一直都在想办法进行技术研发，每年投入百亿美元的资金进行研发，而且掌控了很多重要的专利。这些专利是华为实力的重要展示，也增加了华为的品牌资产。

华为一直非常看重品牌的影响力，非常看重品牌在企业发展过程中所起到的重要作用，因此在品牌建设的过程中，华为一直都在努力打造一个能够对标苹果、谷歌、三星、微软之类的大品牌。尽管华为仍旧有一段很长的道路要走，但是如今它的品牌效应正在全球范围内辐射，并且正在积累更大的品牌资产。

华为的自我展示和自我宣传

在2019年以前，任正非基本上很少接受媒体的采访，但是在整个2019年，他却接受了多达37次的专访，这一年他刚好75岁。要知道，柳传志75岁的时候已经开始宣布退休了，而马云在2019年更是以55岁的低龄状态退休。相比之下，任正非似乎仍旧在为华为四处奔走，仍旧为华为的发展费心费力。

任正非承认自己一直以来就不是一个愿意多讲话的人，尽管他在公司发表过很多演说，也写过很多文章，但这只是作为领导者进行内部管理的一种形式，这些话不是说给媒体和公众听的，因此没有必要公开。可是美国对华为的恶意抹黑，导致国际上对华为的评论大都偏向负面，这个时候，任正非开始主动站出来接受国内外各大媒体的采访，为的就是在关键时刻站出来说话，向世人还原一个真实的华为。就像任正非所说的那样："我认为，我有责任在危难时刻站出来多讲话，把乌云抹去，透出一点光来。现在天有一点灰色了，不是完全的黑色了，大概有30%的媒体报道比较有利于我们，还有70%的报道比较负面。"

任正非认为自己有必要让华为在世界上获得更高的知名度，只有当华为这一品牌越来越多地被世界各地的媒体传播开来，才能够在真实的展露中获得外界更多的信任。要知道，当美国在某种程度上来说控制住了西方世界的舆论，美国的一些错误和歪曲就会对世界各国民众产生误导，而华为有必要更多地借助世界各地的媒体来还原真相，同时借助媒体宣传来做广告，将华为品牌快速推向全世界。

2019年8月15日，英国一家媒体采访了任正非。任正非非常大度地向这家媒体记者开放了5G展厅，使得对方成为全世界第一个参观华为5G展厅的记者。任正非表示记者可以随便提问、随便拍照，还可以进行录像。这在以前几乎是不可想象的，因为公司担心外人拍摄会泄露重要机密，导致技术外泄，但任正非则大胆展示自己，目的就是告诉全世界：没有美国的支持，华为一样能生存；没有美国的支持，华为一样能做到世界最好，而且这种技术领先是短期内无法追赶上的。

按照任正非的说法，这些采访拥有几个重要作用：首先，它可以增强客户对华为的信心，客户可以非常明确地意识到华为公司不会垮掉，还是和以前一样继续对客户负责任；其次，这些采访可以增强供应商的信心，他们会意识到华为拥有很强的生命力，可以继续进行合作，华为能够支付起给供应商的货款；最后，这些采访本身也能增强华为内部员工的信心，任正非四处接受采访，毫无疑问可以通过媒体来告诉所有华为人"公司会继续活下去""美国打不垮华为"，所有华为人不用害怕外来的压力，只需要好好工作即可。任正非认为自己需要继续在社会舆论上下足功夫，争取获得更多的舆论支持，让华为品牌获得更多正面的评价。

任正非曾经在一档访谈节目中说道:"到了今年上半年,大家看我们的财务报表还可以,就感兴趣。当然我讽刺了我们的财务报表,我们是不是利用了客户对我们的同情?下半年的报表就更能证明我们公司是靠自己的力量挺过来了,为什么客户很信任我们呢?因为有二三十年的交往,他们相信华为是一个好的公司,是诚实的公司。大量西方公司已经拿到了没有美国零部件的产品,他们信心大增,相信我们能供应上他们的货物。为什么在这个时期我们多增加了69%的人来参观华为公司?就是看华为公司的人是不是在上班。他们来的第一步就是看我们上下班的班车,还有这么多人要上下班,说明我们还在;然后就是带他们看食堂,还有这么多人吃饭;最后带他们看生产线,生产线一刻也没有停过。这样就增强了社会客户对我们的信任。

"这个信任是靠我们的实际行动一点点赢得的,你们媒体在传播过程中实事求是的评价,也给我们带来了很多帮助。估计明年上半年我们的财务报表还会好,不会差,也没有什么大的增长。明年6月份发财务报表可能人们会想'还真活下来了',到了明年年底人们会相信华为真的活下来了。到2021年以后,大家看到华为恢复了增长,'哦,他们自己解决了困难,开始增长了'。信任不是靠说服别人,是靠自己努力。自己的努力才可能带来信任,任何做法都可能带来信任、不信任以及比较畸形的看法,但最终还是要尊重事实,所以我们认为,信任是可以重新获得的。"

总而言之,当华为以更加开放的心态面对媒体和公众时,它就掌握了更多的舆论主动权,可以向世界宣传华为,展示一个最真实的华为，从而提升该品牌的国际地位和现实的影响力。而这是一个优秀领导者应该去做的事情。对于世界上所有优秀的企业来说，它们都非常看重企业的形象以及品牌形象，而这些一方面在于优良产品的打造，另一方面在于对外的舆论输出。比如谷歌公司的管理者就总是不失时机地向外界传递这样一个观点："我们是创新的，我们是自由的，我们正在改变世界。"苹果公司的创始人乔布斯在媒体面前会将苹果打造成一个超级英雄的形象。特斯拉一直都不被西方媒体和投资者看好，其创始人埃隆·马斯克也被当作是夸夸其谈的典型人物，就和不着边际的特斯拉汽车一样浮夸。在面对外界的批评和指责时，马斯克总是坚定地为自己的企业站台，为企业多做一些正面宣传，并且尽量展示特斯拉的强大实力。

企业的形象输出、舆论导向，也是品牌建设与文化建设的一部分内容，更是对外管理的一种重要形式。在过去，很多公司只看重产品和技术的输出，只看重服务质量，殊不知领导者和管理者还应该积极为公司造势，就像华为一样，在之前的20多年时间里，一直都在埋头苦干，都在低调地为世界提供各种先进的技术和产品，可是由于对外宣传不够多，使得公众对华为并不那么了解，同时也给了抹黑者可乘之机。从管理的角度来说，管理者应该重点关注对外宣传和舆论导向方面的内容，为企业打造一个健康的、正面的品牌形象，让公众对企业有更加充分的认识，同时帮助他们建立起正面的品牌印象，也帮助企业更好地赢得客户的信任。

品牌的根本核心就是诚信

在日常生活中，人们往往会发现当自己购买了某一个假货之后，就会对出售产品的商家以及该产品的品牌产生怀疑，并且会告诫自己以及身边人不要去继续购买这种产品。这个时候，由于产品涉嫌欺骗消费者，它的品牌信用度就在不断下降，对消费者的吸引力也会不断下降，从这一方面来说，品牌的信用度往往决定了品牌的吸引力。

华为是最近两年来知名度最高的科技品牌之一，在2019年更是几乎占领了整个世界科技领域舆论的头条。许多人都觉得华为依靠5G技术拓展了知名度，正是技术让华为成为全球市场上的焦点。其实可以把品牌信用度看成是诚信所带来的品牌影响力的一种积累，而这种积累本身就是无形资产的积累。

很多人都担心以美国为首的西方国家会联合绞杀华为，让华为在国际市场上彻底失去发展机会。在任正非看来，华为并没有什么好担心的，因为华为从来就没有做任何危害非洲客户、亚洲客户、欧洲客户或者美洲客户的事情。此外，华为尊重任何一个国家的立法，也愿意为任何一个国家的信息安全负责。华为在提供技术和网络之后，是经得起任何一个国家的审核的，这是华为诚信体制下的基本行为理念。

虽然在网络安全问题上，美国、澳大利亚以及东欧一些小国多次跳出来恶意污蔑和抹黑华为公司，使得华为遭受了很大的舆论压力，但事实证明了美国的指责根本拿不出任何证据，反倒是美国频繁爆出监听其他国家的事情，而且美国的监听系统以及技术都非常强大，对华为的指控完全站不住脚。

当美国在全球范围内绞杀华为的5G业务时，就连美国一直认定的铁杆盟友英国也开始反水。实际上英国是华为早期的合作者之一，而且英国的审计是最严格的，英国电信的战略合作伙伴都需要经受世界上最严格的认证过程，华为在2005年经过重重审查，进入了英国"21世纪网络"供应商之列。在接纳华为之前，英国安排了世界级的资深技术专家对华为公司进行审计，审计的结果是软件质量还需要改进，但并不存在安全漏洞，也不存在恶意威胁网络安全的问题，而后华为直接在英国建立了网络安全认证中心。从原来的3G一直走到5G，英国始终是华为理想的合作伙伴，而华为也是英国最值得依赖的供应商之一。在欧洲其他国家也是如此，华为一直都在坚守自己的底线，绝对不会侵犯客户隐私和安全，而当这种信任建立起来之后，华为公司的品牌就开始在国际市场获得更多的认同和尊重。

任正非在接受外媒采访时说过："我们在5·16（美国商务部工业与安全局将华为纳入实体清单）之前没有多大困难，因为最主要是客户选择。政治家可能有不同的观点，但是客户有价值评价——用了华为的东西是不是真好。大家知道，美国的政治家、国家领导人在欧洲拼命游说，但是欧洲客户还要买我们的设备。盟友的观点，这么多大人物施压，客户还要坚持买，说明客户还是认同我们。"华为一直以来的诚信态度，加上技术上的优势，客户没有任何理由会拒绝。

从某种意义上来说，技术是整个华为公司在市场上的立足之本，而诚信是华为公司在市场上赢得尊重的保障，也是打造华为品牌的重要基础。无论是针对产品的质量还是服务的水平，无论是涉及产品的安全性能还是隐私保障，相比于其他很多公司，华为始终践行自己最初的承诺，严格按照市场贸易准则和商业管理准则行事，没有任何违背原则和破坏规则的行为。在日常的经营中，华为一直都秉持诚信原则，从来不会拿自己的品牌和形象开玩笑，始终将客户利益放在第一位。

许多人也许都忘了一件事，在日本地震期间，由于担心自己的员工遭遇地震与核辐射的威胁，因此许多公司都纷纷撤离日本，唯独华为公司没有撤离，因为所有华为人都明白一点，一旦员工撤出日本，损坏的基站和设备就没有人修理，这样反而不利于日本的救援行动。对于华为来说，这是一份责任，也是一份承诺，毕竟在进军国外市场的时候，所有华为人都将"以客户为中心"的理念烙在心里，对日本的客户负责本身就是华为人要做到的事情，只要有条件，那么再苦再难也要坚守岗位。

此外，华为的质量管理体系也是世界上最严格的，它的检测标准要比世界上其他同类企业更加严格。据说十几年前，有一家供应商提供了质量不过关的零配件给华为，结果华为在使用这些不合格产品之后，直接被客户投诉产品质量不佳。经过检查之后，华为才发现了问题所在，于是将不合格产品召回，然后赔偿客户损失，之后加紧生产高质量产品供货。与此同时，又将这家供应商踢出供应链。经过这件事之后，华为对供应商的挑选以及对产品质量的检查变得更加严格，绝对不允许损害客户利益的行为再次出现。

其实，早在华为发展最初的10年时间里，公司就意识到了诚信的重要性，坚持对客户忠诚，对社会诚信，对员工诚信，积累了很好的品牌效应。那个时候，华为的技术不占优势，影响力也不占优势，唯一占优势的就是服务态度。为了赢得客户的信任，华为经常会采取24小时工作制，而且对于客户也是有求必应，有应必达。在多年的业务拓展中，华为从来不像有些公司一样，偷偷给产品减配，或者随意提价，又或者提供一些残次品充数，而是始终坚持以诚信为本的原则，这些给客户留下了非常好的印象。在之后的20多年时间里，华为继续强化这一份核心资产，并且以此来推动华为的全球化步伐。

需要注意的是，华为在过去很长一段时间内都非常低调，没有任何华而不实的宣传，没有任何夸大的自我标榜，所有的华为人就知道埋头苦干，为客户的需求而努力。这种低调而不寻求包装的形式，本身就完美地揭示了华为诚实朴素的一面。在追求信息扩散和广告策略的今天，华为仍旧能够克制自己的宣传形式，无疑给所有的企业做了一个表率。

坚持用户体验至上的原则

在过去一段时间，许多公司会过度强调产品的质量，将所有的技术研发用于如何延长产品的寿命上，用于如何提升产品的质量上，这是工业时代的思维模式，也是工业时代的品牌建设模式，它并不适用于信息时代的品牌建设。在任正非看来，技术的使用不能仅仅停留在质量管理上，更重要的是用户体验，这是信息时代的一个关键点。很显然，信息时代的信息技术更新换代很快，人们更加看重新技术的体验，而不是一个产品和一种技术连续体验上10年甚至更久的时间。如果进行观察就会发现，那些一味注重质量而缺乏技术更新换代的产品往往容易遭到淘汰，而持续推出新技术和新体验的品牌往往拥有更大的吸引力和市场影响力。

在面对如何占领市场、如何打造和继续推动品牌影响力的问题时，任正非特意谈到了诺基亚："诺基亚曾经是我们膜拜的榜样，一个做木材的公司变成世界的手机大王。但是后来诺基亚走了一个弯路，因为它沿着工业时代的道路走下去。工业道路是'质量第一'，世界上20年不坏的手机唯有诺基亚。曾经有人让我帮他修一下手机，我发现是20多年前的诺基亚手机，我认为他应该拿着这个手机到诺基亚博物馆换一部新手机。这说明诺基亚手机坚持走工业道路。但是信息社会的技术换代很快，用户体验变得比手机质量更加重要，它在这个问题上的观念落伍了。"

如今的智能手机，使用期限往往不会超过5年，商家研发出来的新手机拥有很强大的技术，但由于需要不断更新系统，手机在使用几年之后就会变卡变慢。另外，很多忠实的粉丝根本等不了5年时间，基本上每隔1~2年就会购买新款手机，相比于持续性的质量保障，他们更加看重的是新体验。

品牌始终都是为客户服务的，品牌的建设也是建立在客户体验基础上的，其中新技术体验的频率越高，产品的吸引力也就越大。企业虽然很有必要保障产品的质量，但是一定要将更多的技术用于提升用户的体验上。试想一下，一个产品动不动就可以使用10年时间，甚至20年的时间，消费者的热情绝对会下降。质量保障是体验中的一个重要组成部分，但质量也必须服务于体验上的变化和更新。在这一方面，很多西方企业做得非常好，据说一些公司的很多产品设计都会精确到一个合适的年份上，比如一个电子产品的寿命是5年，那么在这5年的使用时间里，产品基本上不会出现什么质量问题，但是5年以后，产品的性能就会下降，产品的使用效率开始下降，这个时候消费者其实也早就产生了更换新产品的想法，此时商家自然可以顺利推出替代性的产品。

华为一直都在不断完善自己的技术服务体系，一直都在丰富自己的技术应用场景，为的就是让用户可以获得绝佳的体验，这些和质量提升是不冲突的。在2018年的年度质量大会上，华为消费者业务CEO余承东就表示华为必须以消费者为中心，而所有的质量始终应该围绕消费者全场景智能体验战略来实施。余承东举了华为荣耀手机的例子，为了打造一个让全球消费者喜爱与信赖的高端手机品牌，华为公司一直都在围绕全场景智能体验战略，坚持以消费者为中心，打造全连接的无缝智能生活体验，其中涉及了智能家居和智能硬件、云服务等项目。

余承东提到了质量是第一关注点，认为质量应该优先于公司的成本，优先于利润，优先于其他任何东西，质量应该享有最高的优先级。但这里提到的质量并不是狭义上的产品质量，而是广义上的用户体验的质量。这种质量一方面来源于技术支持下的性能，另一方面就在于体验的持续更新能力。用户如果对产品的体验感不强，或者体验感缺乏持续增进，那么就容易转移关注度，对其他产品产生兴趣。

对于华为公司来说，要想打造一个优秀品牌，那么就要打造超一流的用户体验感，就像苹果公司曾经所做的那样，在iPhone的巅峰时期，苹果公司推出的触屏体验以及APP云应用体验，引领了手机潮流的变革，而几乎每隔一年时间，苹果公司就会推出新产品，就会应用一种新技术，这些都让苹果手机的品牌知名度不断上升。而华为公司在这一方面，不仅强调了苹果公司最重要的特质"创新"，还提出了全流程质量的概念，即做到从战略规划和需求挖掘开始进行质量管控，让用户体验从一开始就得到保障。华为公司会从产品规划、设计、供应链管控、来料质量把控、硬件研发和创新、软件开发、生产、营销、零售、售后服务等各个环节上进行严格把控，确保生产出来的产品可以提供最一流的体验。而随着华为最近几年新技术、新产品更新换代的加快，国际市场上对华为品牌的认知与认同越来越强。

作为一家坚持以市场为导向、以客户服务为第一要务的跨国公司，华为在维持客户关系方面的成就有目共睹。为了吸引客户并继续对客户保持这种吸引力，华为正在努力丰富和强化自己的场景体验技术。在未来，华为有可能会成为世界上最具竞争力和最具影响力的国际品牌之一。

真正认识到为客户服务是华为存在的唯一理由

在过去很长一段时间，企业都将技术视为唯一的发展基础，认为自己只要掌握了最核心的技术，只要自己拥有技术优势，那么就能够把握竞争主动权，就可以打造一个强大的品牌，但这些已经是工业时代的落后思维了。一些西方的大企业曾经掌控了大量先进的技术，即便在经济泡沫之后，在它们遭遇衰败之后，仍旧不舍得丢掉一些技术，并且期待着后人可以重新将这些技术发展起来。可事实上，这些技术最终并没有获得什么发展的机会。在信息时代以及之后的智能时代，工业时代的很多技术已经落伍了，还有一些技术在工业时代尚且无法吸引客户的注意，在信息时代更是难以拥有什么市场。

对于任何一家企业来说，最重要的是赢利，而利润都是市场和客户带来的。只有迎合市场需求，只有迎合客户的需要，企业的技术才称得上是好技术，企业研发的产品才称得上是成功的产品；也只有受到客户欢迎的品牌，才能称得上是一个好品牌，好的品牌都是靠客户给予的好口碑打造出来的。华为始终秉持这样的发展理念，坚持以市场和客户为导向，确保企业的研发、生产、营销、服务始终围绕着客户转动。

正如同任正非所说的那样:"从企业活下去的根本来看,企业要有利润,但利润只能从客户那里来。华为的生存本身是靠满足客户需求,提供客户所需的产品和服务并获得合理的回报来支撑;员工是要给工资的,股东是要给回报的,天底下唯一给华为钱的,只有客户。我们不为客户服务,还能为谁服务?客户是我们生存的唯一理由!既然决定企业生死存亡的是客户,提供企业生存价值的是客户,企业就必须为客户服务。现代企业竞争已不是单个企业与单个企业的竞争,而是供应链与供应链的竞争。企业的供应链就是一条生态链,客户、合作者、供应商、制造商的命运在一条船上。只有加强合作,关注客户、合作者的利益,追求多赢,企业才能活得长久。因为,只有帮助客户实现他们的利益,华为才能在利益链条上找到华为的位置。只有真正了解客户需求,了解客户的压力与挑战,并为其提升竞争力,提供满意的服务,客户才能与你的企业长期共同成长与合作,你才能活得更久。所以需要聚焦客户关注的挑战和压力,提供有竞争力的通信解决方案及服务。"

在2003年的时候,任正非就在《在理性与平实中存活》里说过一段话,当时他明确反对让企业家成为企业之魂的管理理念,因为企业是需要长存的,而企业家只能短暂存在。他旗帜鲜明地站出来反对让企业家成为企业的核心标签:"企业的生命不是企业家的生命。西方已实现了企业家的更替不影响企业的发展。中国一旦企业家没有,随着他的生命结束,企业生命也结束了。就是说中国企业的生命就是企业家的生命,企业家死亡以后,这个企业就不再存在,因为他是企业之魂。一个企业的魂如果是企业家，那么这个企业就是最悲惨、最没有希望、最不可靠的企业。我是银行，绝不给他贷款。为什么呢？说不定明天他坐飞机回来就掉下来了，你怎么知道不会掉下来？因此我们一定要讲清楚企业的生命不是企业家的生命。为什么企业的生命不是企业家的生命？就是我们要建立一系列以客户为中心、以生存为底线的管理体系，而不是依赖于企业家个人的决策制度。这个管理体系在它进行规范运作的时候，企业之魂就不再是企业家，而变成了客户需求。客户是永远存在的，这个魂是永远存在的。"在他看来，客户才是企业发展的魂，以客户为中心才是企业发展的动力所在，也是塑造企业品牌价值的关键。

为了让客户服务与品牌价值紧密联系在一起，华为重点把握住了客户最关注的五个方面的内容：产品的质量与稳定性高；能够满足需求的强大技术；高效周到的售后服务；产品、技术以及公司的可持续发展状态；产品性能强大且具有价格优势。从这五点出发，华为重点进行布局。

第一，打造了一个基于客户需求导向的组织。其中经营管理团队下设有战略与客户常务委员会，它负责为公司拨正工作方向，董事会及经营管理团队在方向上达成共识，经营管理团队得到授权后开始决策，而战略与客户常务委员会为经营管理团队的决策提供支撑，并为客户需求推动公司整体战略得到实施提供帮助。

不仅如此，华为公司的行政组织结构中，还建立了战略与Marketing体系，专门负责理解客户的需求，确定相应的产品投资计划和开发计划。比如各产品线以及各地区都建立了Marketing组织，中国30多个省、区、市和300多个地级市都建有这样的服务机构，而且全球有90多个国家都设立了类似的机构。它们会倾听客户需求，将客户的真实需求最快反馈到公司，并为产品研发提供依据。

第二，打造了一个基于客户需求导向的产品投资决策和产品开发决策体系。同其他企业不同的是，华为的产品投资决策非常谨慎，而且具有弹性，它是真正面向市场的。公司会先收集市场信息，将客户最关注的一些需求进行总结，然后将那些虚假的、不合理的、过于肤浅的、比较模糊的需求和概念进行整理、分析，然后作为资深产品投资决策的依据。对于那些已经通过投资决策并且开始立项的产品，在开发过程中，应该及时跟随市场动向，看看客户的需求是不是发生了什么变化，公司应当依据这些变化来决定是否要继续开发、停止开发、加快开发速度，或者是放缓开发速度。

第三，在产品开发过程中，重点把握客户最关注的质量、成本、可服务性、可用性及可制造性。华为公司的任何一款产品一经立项，公司就会将负责管理市场、开发、服务、制造、财务、采购、质量的人员集合在一起，对产品的整个开发过程进行管理，确保产品可以准确对接市场。其中服务、制造、财务、采购等流程后端部门在产品设计阶段就要充分考虑到产品是否可安装、是否可维护、是否可制造，考虑产品开发中的成本和投资回报。在产品推向市场的过程中，开发部门、销售部门、制造部门、服务部门都是一体的，彼此之间相互协作、互相监督，提升工作流程的效率与质量。

第四，打造一个基于客户需求导向的人力资源及干部管理体系。为了提升客户的满意度，华为公司推动了客户满意度的考核，公司委托盖洛普公司帮助调查外部客户的满意度，然后以此来考核总裁以及各级干部的业绩。员工从招聘阶段、培训阶段、考核阶段，到晋升阶段，都需要明确客户需求与客户服务的相关理念，只有真正做到以客户为中心，才能够真正将工作做好。

第五，打造了一个基于客户需求导向的、高绩效的、静水潜流的企业文化。为了将服务客户的理念更好地落实到位，华为将其纳入企业文化当中，这样就使得华为的客户需求导向的战略可以层层分解并融入所有员工的工作之中。华为公司不断强化"为客户服务是华为生存的唯一理由"，有效提升了员工的客户服务意识，而强化以责任结果为导向的价值评价体系和良好的激励机制，又可以保证员工的奋斗目标始终以客户需求为导向。此外，流程化的组织结构变革以及规范化的操作规程，有效保证了公司可以满足客户需求。这些措施最终形成了静水潜流的基于客户导向的高绩效企业文化。

正是因为把握了以上五个方面的工作，华为将客户服务推向了极致，将客户服务与华为自身的发展完美地融合在一起，使得客户服务的理念成为华为品牌中最重要的基因。

质量管理是企业得以发展的基石

在谈到品牌建设的时候，最常见的就是产品的质量问题，这是吸引客户和说服客户最基本的要素，如果产品的质量无法得到保证，那么企业在推广自身品牌的时候，就会遭遇重大的挫折，或者说企业的品牌就无法优质化，也无法形成良好的品牌效应。七八年前，人们在提到华为手机的时候，第一印象往往是"低端""质量一般""性能一般"，很多人甚至对华为手机还感到陌生，原因就在于华为手机的技术含量还不高，产品质量也非常一般，与国际上那些优秀品牌相比，华为根本不具备什么知名度。可是在最近几年时间里，华为在终端领域的投入和产出都非常惊人。华为手机一下子推出了两个品牌，而且两个品牌都获得了成功；华为手机甚至超越苹果手机，成为世界上销售量第二的超级存在。无论是国内市场，还是国外市场，华为手机品牌都非常响亮。

华为手机的成功只是华为高速发展的一个缩影，它代表了华为技术的进步和成长，也代表了华为在质量管理方面的巨大飞跃，但华为仍旧有很大的空间把质量做得更好，因此还需要继续强化产品的质量管理工作。正是因为如此，任正非在2019年华为内部的第一次讲话中明确谈到了"打造可信的高质量产品"的要求："我们要转变观念，追求打造可信的高质量产品，不仅仅是功能、特性的高质量，也包括产品开发到交付过程的高质量。我们知道，功能、特性对产品至关重要，我们更知道，进度对满足客户需求也至关重要。今天，我们要把可信作为第一优先级，放在功能、特性和进度之上。除非客户信任我们的产品，否则这些优秀的特性都没有机会发挥价值。我们各级管理者和全体员工都不得以进度、功能、特性等为理由来降低可信的要求，确保可信的要求在执行过程中不变形。"

之所以要这么做，就在于华为如今处在一个新的起点上。面临着全面云化、智能化、软件定义一切的大背景，华为必须紧跟时代步伐，对ICT基础设施产品的可信度提出更高的要求，这是整个市场得以运作的前提，也是企业能够保持健康良性发展的基石。华为必须把握住"可信"的原则和目标，因为可信是客户产生购买愿望的基本条件，也是政府接受和信任华为的前提。不过可信并不仅仅体现在产品外在表现（使用价值）的高质量上，还体现在内在实现（研发、生产和营销产品过程中体现出来的企业文化）的高质量过程，严格来说就是对产品研发结果和研发过程的质量保证。要想实现这些，就需要全面提升软件工程能力和实践。

产品质量管理并不仅是对技术的掌握，还需要严格的质检环节，需要强化质量管理的意识，需要强化流程的配合与实施。其实早在《华为基本法》中，华为就意识到了质量管理的重要性，还专门有生产合格产品、与合格供应商合作、打造符合ISO9001要求的质量等各种规定。但是在早期的发展中，华为根本没有足够的技术来保证产品质量，也没有足够完善的体系来保证质量管理的效率。

而当时印度在软件技术方面却进步神速，印度产品的质量也得到了国际市场的认同，这触动了华为。为了弄清楚印度企业质量管理的秘诀，任正非亲自带领团队前往印度学习和考察，这个时候才发现印度的成功在于建立了一个完整的统一的质量标准。不久之后，华为就决定在印度成立一个研究所，然后引进了CMM（能力成熟度模型）体系，这个体系主要是对软件组织在定义、实施、度量、控制和改善其软件过程的实践中各个发展阶段的描述。它有效规范了华为的产品质量，使得华为的产品第一次有了可遵循的质量标准，这也是华为第一阶段的质量管理体系。

不过这个体系的最大问题是资源消耗太大，会使企业产生很大的成本。这个时候，任正非决定按照不同市场来制定不同质量标准，这就是华为"集大成的质量标准"，它主要通过以不同的量化标准达到不同市场所要求的质量来准确把握住客户对产品质量的要求，代表了华为第二阶段的质量管理体系。

而随着华为不断成长为世界级别的大公司，它已经不仅仅满足于打造一套好的质量体系了，追求顶级质量的需求使得华为需要制定更为严格的质量管理标准。当时任正非强调的是"产品零缺陷"，即每一件产品的质量都需要做到极致，而这不仅仅需要建立高标准，更需要建立高水准的质量管理的企业文化。这种追求极致质量的模式其实就是打造一种"以市场标准为基础，但高于市场标准"的生产文化和管理模式，也是第三阶段的质量管理体系中的重要组成部分。

在提出"质量零缺陷"的口号之后，任正非又带领高层重点讨论了"质量四项基本原则"——质量的定义、质量系统、工作标准、质量衡量，并总结出一套完整的华为质量原则。不久之后，华为丰富和完善了质量流程管理，组织了一支负责监督质量的队伍。在一系列操作完成之后，华为内部开始形成了"大质量观"，要求每年都要打造业内最好的产品质量，然后每年都要在前一年的基础上争取以20%的进步空间进行完善。

对于任正非来说，把握产品质量应该是华为发展战略的一部分："第一，我们要抓住货源、要保持高质量，供给侧一定要保持高质量。第二，产品要高质量，有了高质量就会有客户群。供给侧改革中核心是质量。质量的关键是要提高成本。低成本就不可能有高质量，低成本必然带来地沟油、假冒伪劣。高质量为什么不能卖高价格呢？卖不了高价格，政府就要减负，企业才能有余钱投入创新。我在达沃斯讲的我们坚决不走低价格、低成本、低质量的道路，这会摧毁我们20多年后的战略竞争力。"

如今，华为的质量管理体系日益完善，质量管理的理念也深入人心，每一个环节、每一个细节、每一件产品都会精心打磨，确保产品从研发、生产、检查，再到出售和服务，都能够支撑起产品的高质量。

第五章

技术研发管理：
让技术精准引领企业的发展方向

让技术在发展过程中"沿途下蛋"

2018年,任正非在上研所听取华为无线业务汇报时,说了这样一段话:"我们说无人驾驶,其实是一座珠穆朗玛峰,是一个领袖型产业。我认为无人驾驶是基础研究,支持科学家为理想而奋斗。暂时,不要去做商用产品。先让科学家一心一意研究科学,不要顾及商业利益。沿途下蛋,将来即使我们不能在马路上无人驾驶,也可以在生产线上使用、在管理流程中使用、在低速条件下的工作中使用……(朱广平说我们要做电信网络的无人驾驶。)各种东西都可以引入无人驾驶这个思维概念,但是它不一定就是无人驾驶。我跟何庭波在欧洲讲这个事的时候,何庭波发明了一个名词'沿途下蛋'。无人驾驶就是爬珠峰,爬山过程中,有人可以半路去放羊,有人可以半路去挖矿,有人可以半路去滑雪……把孵化的技术应用到各个领域中,这就是'沿途下蛋'。"

"沿途下蛋"的概念是海思总裁何庭波和任正非在欧洲谈论无人驾驶的话题时提出来的。当时她认为:无人驾驶是一个全新的领域,是一座珠穆朗玛峰;企业在攀登这座高峰的过程中,没有必要将全部的精力投入到爬上山顶的目标上，可以在沿途将研发技术用于其他能够创造价值的项目上，做一些现实主义的产品，确保这些产品可以占领更大的市场。

华为一直强调技术研发的重要性，而且多年来也投入了很大的资源进行产品研发。不过在很多时候，技术研发的指向性太强，所有的技术研发都是针对特定产品的，也都是为特定产品进行技术孵化的，一旦产品研发失败或者产品无法迎合市场的需求，那么整个研发成果就会失去意义，相关的技术也会失去应用价值。这样的研发会造成很大的资源浪费，对企业的发展也非常不利。

华为公司为了提升技术研发的价值利用空间，开始主动调整技术研发模式，尽可能将技术与商业结合在一起，也就是说技术会更加贴合现实需要，会更加贴合商业运作实际。在这种变革需求下，华为的技术研发需要更好地与具有应用前景的产业经济联系在一起，技术的产业化、实用化处理也成为一种必然。"沿途下蛋"的提出就是建立在这种模式下的，华为需要想办法强化自己的技术拓展和商业能力，需要引导技术服务于更多现实的产业项目，最终形成一个阶梯状的、波浪形的具备互动和循环特点的高效的研发体系。

这样一个研发体系是非常契合华为所在的通信行业的现实需求的，因为通信行业是发展难度最大的产业，技术难度很高，而且产品更新换代的速度也很快，这对任何一家通信公司来说都是巨大的挑战。为了提升竞争力和生存能力，就需要在研发高尖端技术的同时，想办法将技术应用到具体的工程项目当中。一些在通信行业没有获得重大突破的技术，在其他项目上可能就会产生巨大的应用价值；一些看起来不那么重要的技术，在其他项目上也许就拥有巨大的价值。对于华为来说，自己在通信行业摸爬滚打那么多年，对行业、对市场都非常了解，因此可以有效拓展技术的应用范畴，提升技术的变现速率。

其实在华为成长的道路上，已经多次采取类似的方式来合理支配技术研发的成果，比如华为打算将一批产品卖给欧洲人，打算将研发出来的新技术用于欧美国家的新项目和新产品上，可是在这个过程中，华为并不是死板地为进军欧美市场这个目标而努力，而是强调将一些研发出来的技术和产品放到向欧美市场进军的道路上出售。在技术研发的过程中，一些半成品、一些技术水平较低的产品完全可以推向市场。只要谁有需要，只要谁想买，那么华为就可以将产品卖给谁，从而让技术在研发过程中就创造价值。

而在接下来的5G时代、6G时代以及人工智能时代，华为会继续推动"沿途下蛋"的技术研发策略，运用技术研发过程中一些阶段性的成果来指导现实的工作，让技术可以一边发展一边应用。就像任正非所说的那样，5G技术刚刚起步，包含的内容和发展的维度很广，人类完全可以将其拓展成一个更加立体的价值库。人工智能也是一样，现在的世界对人工智能的认知和应用还只是停留在最基本的层面上，未来人工智能的发展究竟会呈现出怎样的状态，根本没有任何人知道，也没有任何人能够了解。这其实就为技术研发和应用提供了各种可能，企业可以利用人工智能技术实现各种远大的商业目标。

无人驾驶是其中一个方面的内容，人脸识别技术也是其中之一，人工智能技术还可以应用到万物互联的物联网，可以安排机器人对基站进行维修，可以实现城市交通系统的智能指导，可以用于量子通信的实施。人工智能可以说涉及社会方方面面的进步，涉及社会发展的各种需求。其中包含的价值几乎是无法估量的，也是现在无法想象的。技术的分化和孵化很有必要，华为不应该浪费不断进化中的技术，更没有必要忽视它在其他领域的应用价值。

任正非提醒所有的华为人一定要把握住技术研发带来的商机，强化对技术进行深度开发的能力和意识，不要将技术研发简单对标某个产品或者某个项目，要打破技术边界，提升技术应用的精细化、多元化、商业化，帮助华为催生出更多的产业赢利点，甚至形成一个相对完整的价值链，这才是华为在未来世界可以占领技术制高点的关键。

他在谈到"沿途下蛋"的问题时，将其与客户需求联系起来："客户需求是一个哲学问题，而不是与客户沟通的问题，不是客户提到的就是需求。不是让客户牵着鼻子走，而是想办法多路径、执行任务队列多梯次、根据不同场景来满足客户需求。"这本质上就是一种技术和产品半路生产半路畅销的模式，可以帮助华为更好地立足于市场，帮助华为的技术研发实现最大化的利益。

华为的专利保卫战

2020年2月6日，华为公司宣布在美国直接对美国运营商Verizon提起诉讼。华为认为，美国运营商Verizon侵犯了华为在美国授权的12项专利，Verizon必须向公众说明情况，对华为进行道歉，还要进行相应的赔偿。之所以选择在2020年年初发起诉讼，按照任正非的说法是，因为公司这几年实在太忙了。在2019年，华为公司就有意向向美国的Verizon公司收取为期五年总价值为10亿美元的专利许可费，但事情最终被搁置了。

据统计，华为公司在2018年就以5405件专利申请量排名世界第一。在知识产权的历史上，还没有任何一家公司提交的国际专利申请数量可以达到这个数字。而截至2019年，华为公司申请和注册的专利已经超过9万项，其中1.15万项新专利是在美国注册的，这就意味着任何一家美国公司在使用这些专利技术的时候，都需要向华为公司支付一笔不菲的费用。

时间又回到2016年5月25日，当天华为率先状告三星公司进行专利侵权行为，华为先后在美国加州北区法院和我国深圳中级人民法院对韩国三星公司提起了知识产权诉讼。华为官方当时表示,三星公司在全球范围内在未经同意之下使用华为的技术,明显侵犯了知识产权,三星公司在众多国家销售的产品中有很多都侵犯了华为公司的专利,正因为如此,华为也有很强的意愿要在全球范围内解决纠纷。

此举让世人震惊,在多数人的意识中,三星通常都和苹果公司存在专利纠纷、和谷歌公司存在专利战,谁能想到华为直接对三星发起了诉讼?作为通信制造领域的新贵,华为公司的举动被外界解读为一种"成长的野心",因为要想在全球市场超越三星,专利手段绝对是一种重要方法。可以肯定的是,涉及对华为公司专利技术侵权的公司绝对不止三星一家,而从三星公司身上动刀则是最好的策略。华为需要选择这样一个强大的对手来宣告自己的强大,来强调自身在全球市场上的科技存在感,自然,华为也需要维护自己在科技领域内所做出的努力以及应得的利益。在之后的一段时间,三星公司开始反诉华为,双方正式展开了持久战,而从这几年双方的诉讼情况来看,三星公司在很多专利诉讼和反诉讼中都落败了。

在与三星的交锋中,华为初步展现出了一个世界级别大公司的实力。尽管从体量上来说,三星公司比华为要大很多,但是就通信行业来看,华为拥有很多得天独厚的技术优势:且不说华为在5G领域内超过了三星公司,华为在终端领域也开始追赶三星,至少在未来一段时间,华为在全球市场上的手机出货量有望追赶并反超三星公司。

无论是与三星的专利大战,还是对Verizon提起诉讼,都表现出华为在技术领域的优势和市场上的自信。更重要的是,华为开始表现出掌握更多专利知识并维护专利知识产权的决心,这种决心与华为立足于全球市场、成为顶尖科技公司的目标是一致的。作为一家世界一流的跨国公司，华为在技术研发方面一直都站在世界前列：它是世界上仅有的几个每年能够且愿意投入100亿美元进行技术研发的高科技企业之一。华为的创新能力始终位于世界前列，专利量也位于世界前列。而随着华为在世界市场上的影响力越来越大，华为也越来越重视这些技术资产。

在谈到专利大战的时候，任正非曾经做出预测："未来5至8年，会爆发一场'专利世界大战'，华为必须对此有清醒的战略研判和战略设计。"从某种意义上来说，专利大战代表了一个企业的技术水平，也是一个企业在发展过程中的必然结果。随着华为不断变得强大，随着华为技术的领先优势开始扩大，华为必定会在技术层面上与其他一些优秀的公司产生更多专利上的纠纷，也必定会出现各种法律上的冲突，专利大战会越来越频繁，涉及的面会越来越广，规模可能也会越来越大，华为需要为这些情况的出现提前做好准备。

在国际市场上，谷歌公司、苹果公司、微软公司、三星公司都曾因为手机专利爆发过专利大战，苹果公司和三星公司更是从手机领域扩展到其他领域，双方几乎每过一段时间就会产生新的诉讼与反诉讼。华为也加入了专利大战的大军中，迟早会和各大公司产生更大的冲突。

而类似的对外关系是技术竞争的一部分，是企业之间比较常见的一种另类交流。其实在很多时候，企业之间都会通过某种利益互补的方式进行私下和解，但私下和解并不意味着可以对侵权行为放任不管。华为如果想要成长为世界上顶尖的企业，仅仅在技术和体量上做大、做强是不够的，还需要培养强大的知识产权意识，不仅不能去侵权，也不能被其他公司侵权，公司必须维护自己的合法利益。

　　许多人都曾羡慕华为的发展，认为华为在通信领域将会大有作为，对此，任正非笑着说："你们只看到贼吃肉，没看到贼挨打，这些年华为给西方交了多少专利费？我们曾经没有专利，就只能向人家妥协，就要交钱。后面我们也在成长（申请专利），不断减少支付专利费。现在华为每年专利费净支出是3亿美金。"如今，华为开始扭转局面，成为专利费用的收取者，并逐渐改变行业内的游戏规则。

要拉着这个世界跑,不要等

2019年4月17日,任正非在ICT产业投资组合管理工作汇报会上发表了一段讲话:"我认为,产业的生命周期会越来越短,门槛会越来越高,这对我们可能是好事,后面的人刚追赶上来,它们就已经被淘汰了。我们要考虑怎么加快5G产业的节奏,要拉着这个世界跑,不要等。客户需求是一个哲学问题,是一个去粗取精、由此及彼的问题,不是哪一个客户表述的问题。要围绕最终客户的需求,围绕业务本质,我们要敢拉着愿意跑的客户先跑,跑出价值来。"

任正非此前说过,通信行业的竞争和生存最困难,因为技术更新速度很快,而且门槛很高,如果没有及时获得进步,就会被世界上的其他竞争对手快速超越和淘汰。所以任正非一直都在强调华为要加快技术更新,要注意引领技术研发的潮流。早在4G时代,华为就开始加大力度进行5G的研发,并且不断加快节奏,为的就是能够提升研发进度,拉开与其他对手的距离。不仅如此,在5G业务开始慢慢拓展开来的时候,华为已经在积极进行6G技术的研发了。

在过去很长一段时间内,任正非不允许内部人员公开谈论"成为世界第一"之类的话题。在他看来，成为世界第一似乎只是一个负担，因为领先者往往也是道路的开拓者，做第一往往很辛苦，要承受开拓道路的压力和风险，同时还要时时防备后面的追击者，他甚至下令谁要是公开谈论成为行业第一、世界第一之类的话题，就要受到罚款的处罚。但是在2019年，任正非意识到谈论成为世界第一的时机已经成熟了，华为再也没有必要遮遮掩掩，毕竟美国的打压和抹黑，实际上已经为华为打了一个最佳的国际广告。在2019年5月22日，任正非在华为心声社区发表了讲话，特意强调了一个观点："我们必须要做到世界第一，世界第二就可能活不下来。"这不仅仅是说说而已，在谈到被美国等一些西方国家排斥时，华为发出了最强音："我们在5G领域就处于领先水平""哪怕被美国制裁和断供，我们也能挺过难关"。在5G技术领域，华为的确已经在拉着世界跑了，而不是被动地等待，等到5G技术普及之后才一起腾飞。

而在技术研发领域，华为公司一直都在强调一件事，那就是技术始终是为市场服务的。简单来说，就是华为不能单纯地被技术所驱动，不能盲目创新，所有的技术和产品最终都是为市场需求服务的。所以在强调拉着世界跑的时候，华为始终都在强调对市场需求的掌控和引导。

比如一般来说，企业在面对市场变化时的表现具有几个层次：最低层次的企业在面对市场需求时选择漠视，或者说根本无法了解市场的需求是什么，这样的企业通常不具备什么竞争力，往往会成为时代变化中的失败者。中间层次的企业懂得及时把握商机，迎合市场需求，它们在发现市场需求时，能够积极做出应对，制定合理的规划，确保产品受到市场的关注和欢迎。最高层次的企业则懂得如何抢占先机，主动创造需求，在市场还没有做出相应的反应时，就出人意料地打造一些新款和爆款，引领市场需求和发展的潮流。

最低层次的企业通常都缺乏足够敏锐的商业嗅觉，它们大都是一些业务平庸的企业。中间层次的企业往往拥有非常敏锐的商业嗅觉，能够精准地把握商机，它们是行业中的优秀企业，拥有良好的发展势头和强大的竞争力。最高层次的企业则是一些精英级别的大企业，它们对市场拥有极强的掌控力，在细微中挖掘需求、创造需求，成为引领技术的超级旗手，就像苹果公司引领手机应用软件开发和使用潮流一样。任正非希望华为公司也能够引领客户需求，甚至成为潮流引领者和创造者，希望华为可以在一些新领域、新技术方面成为创造者，能够主动创造出新的市场需求。

事实上，那些能够在通信市场坚持发展下去的企业，都是一些能够在某些方面引领行业发展、引领客户需求的企业。对于华为来说，要想拉着世界跑，最重要的就是保证自己拥有强大的技术创新领先能力和优势，要确保自己的产品能够受到市场的欢迎。正因为如此，加速发展，让技术的更新换代和进化速度变快，这是华为在未来一段时间内需要重点把握的工作。另外，华为需要善于引导那些愿意跟随自己跑的客户，要重点把握那些愿意跑起来的客户，而不是试图去成全和说服所有的客户。就像推广5G技术一样，华为最先把握的市场永远是那些愿意跟着自己一同开拓5G业务的客户，永远是那些愿意使用华为产品来打造5G商用体系的客户。虽然华为希望拥有更多的客户，希望掌控更大的市场，但是那些对华为存在重大误解、对华为心存疑感、对5G不感兴趣、对华为有排斥心理甚至屏蔽和抹黑华为的客户，要放在次要位置。不能因为有人对5G感到疑惑就放弃这一行业的发展，就放慢脚步来等他们一起上路，更不能等着5G技术全面进步、全方位铺展开来再行动。

比如当5G技术不断推广的时候，社会上也出现了另一些声音：国外有很多人认为5G技术将会带来更大的辐射，并且容易对人体产生严重伤害，所以澳大利亚以及其他一些欧洲国家开始肆无忌惮地抹黑5G技术，认为5G将会给人类的健康带来严重打击；国内一些人也对此表达了担忧。公众对于新技术的担忧是正常的，但是并不意味着华为就要放弃对5G的攻势以及领先优势。

2019年8月份的时候，华为在位于加拿大渥太华的研发中心中开始6G网络的研究，许多人对此表示不理解，毕竟5G时代都还没有正式展开，怎么又着急研发6G了呢？对于华为来说，6G是一定会到来的，而且到来的时间必定很短。华为有必要把握住下一个通信技术变革的风口，在6G领域继续引导世界的进步。如果华为总是想着等一等，总是想着等一切技术完善，等所有客户都能够接受之后才研发和部署，那么就很快会被其他竞争对手淘汰。

反对盲目创新，避免主观主义

"我们反对盲目创新。我们公司以前也是盲目创新的公司，也是非常崇拜技术的公司。我们从来不管客户需求，研究出好东西就反复给客户介绍，客户说的话根本听不进去，所以在NGN交换机上，犯了主观主义的严重错误，曾在中国市场上被赶出局。后来，我们认识到自己错了，及时调整追赶。现在已经追赶上了，在国内外得到了大量使用，在中国重新获得了机会，中国移动、中国电信、中国网通……都接纳了我们，例如中国移动的T网全部是我们承建的，也是世界上最大的NGN网。盲目创新导致了很多西方公司的快速死亡。"

这段话来自2004年4月28日任正非在广东省委中心组"广东学习论坛"报告会上做的专题报告。在报告中，任正非强调了华为在开放分享原则下的创新原则，强调了华为面对世界市场和国内外客户的一些研发经营理念，其中，盲目创新成为任正非重点谈论的一个话题。他的观点很明确，所有的技术研发不能仅仅凭借研发人员的感觉，不能仅仅凭借技术研发的难度，而要依据市场的需求。一个新技术如果能够满足市场需求，能够带来很大的价值和收益，那么这个技术的研发就有价值；如果无法带来任何价值和收益，那么这样的技术创新毫无意义，只会浪费企业的资源，增加成本消耗。

管理学上有一个著名的阿尔巴德定理：一个企业能否经营成功，主要在于是否了解顾客的需求。当企业挖掘了顾客的需求时，基本上就已经成功了一半；当企业能够满足顾客的需求时，企业就能够获得成功。在技术创新领域也是一样，技术创新一定要以市场为导向，要服务于客户，要在现实中产生价值。按照任正非的说法，技术创新要与市场需求结合起来，这也是华为技术创新的基本原则。

比如华为一直都在强调端到端的流程，要求从市场调研开始，到产品设计和研发，再到产品的生命周期管理，整个流程中的每一个步骤都按照市场需求来引导。在进行产品技术创新的时候，研发人员一定要认真了解市场动向，一定要努力让技术和产品在市场中接受检验，只有获得良好的市场反馈，才能够继续研发和生产。

研发人员凭借主观意志来指导工作是不被允许的，对华为来说，也是非常危险的行为。华为的导师IBM公司就犯过类似的错误：IBM曾经是世界上最强大的科技公司，可是由于内部体制僵化，以至于过于严谨的制度化体系无法迎合移动互联网时代的发展要求，守旧的商业模式导致执行力低下，最终这家公司被拖垮了。在这种僵化的体制中，公司常常过分强调新技术的研发而忽略市场需求，不仅浪费了大量的资源，还导致公司的反应偏慢，最终在移动互联网时代的潮流下被逐步淘汰。

华为的2012实验室曾经是模仿贝尔实验室来建造的，贝尔实验室曾经是世界上最著名也是最具实力的科研中心之一，任正非对贝尔实验室非常仰慕。但是和IBM一样，贝尔实验室在进入新千年之后也因为坚持技术导向的风格，使得内部很多研发项目成了技术试验平台，而脱离了市场，这样就导致它承担了很大的成本。据说贝尔实验室对内部研发人员的管理很松散，研发人员可以按照自己的主观意愿进行创新，这就使得大量的资本被浪费掉了。

在技术创新和研发方面，华为拒绝用脚投票，拒绝用资本投票，研发部门必须倾听一线员工的想法，必须对市场做一个明确的分析。正因为如此，华为建立了以客户为中心的创新标准，而且整个创新体系会延伸到一线"铁三角"（负责业务拓展和服务的三人组合，其中一人负责客户关系，一人负责交付，一人负责产品与解决方案工作，三个人分工明确、职责明晰、相互协作和统一）的神经末梢，并建立起相对应的流程管理体系和决策体系。

比如华为曾在NGN市场上过分强调单纯的技术指标，产品的技术和性能几乎无可挑剔，可令人意外的是，这样一个集合了华为顶尖技术和创新的产品却遭到了市场的冷落。这样的局面让华为备受打击，华为高层也召开紧急会议来讨论失败的原因，结果发现客户对这些新技术并不感兴趣，他们更加关心产品中有什么性能是能够满足自身需求的。正因为如此，华为放弃了原有的研发策略，转而进行市场调研，认真听取客户的意见和需求，然后针对产品进行技术改造，终于重新赢得了客户信任，并且在第一时间承建了世界上最大的NGN网——中国移动T网等项目。如今，这个产品的系列在全球范围内占有了32%的市场，居全球第一位。

经过多年的发展，华为早就从单纯地依赖技术拓展业务，变成了以市场为导向的研发模式和业务拓展模式。对于华为来说,市场和客户才是最终的试金石,才是技术创新的最重要指标。仅凭主观臆断的盲目创新无助于华为的发展、无助于华为的进步,反而会因为无价值的消耗而阻碍发展的脚步。

盲目的人口红利是错误的，生产方式将走向人工智能

随着人工智能逐渐发展，任正非大胆做出预测，未来二三十年，全世界的工业格局会再次发生明显的变化，西方发达国家将会完全出现人工智能代替人工的生产模式，这样商人和企业家就根本不用面临工会的压力，不用为员工罢工感到烦恼，也不用因为一些员工的社会福利问题而频繁增加成本。机器人最终会抢走人们的饭碗，而企业和国家的工作效率会得到快速提升，效益会成倍增加，也许依靠机器人就可以养活整个公司。

另外，那些坚持人工化的公司会集中出现和转移到东南亚、南欧、拉美等劳动力非常多且非常廉价的地区和国家，这种转移基本上都在利用最后的一点人口红利。而对于华为来说，依靠技术才是发展的出路，因为社会的生产方式始终都在走向人工智能。盲目利用人口优势和人口红利的做法是一种短视行为，华为以及中国需要迫切强化教育，避免陷入人口红利的危机当中，从而失去发展技术的好机会。

任正非曾经谈到了公司内部有几万派往海外的员工不愿意回国，

因为回国就意味着孩子的教育会成为一个大问题，因为在中国由于人口多，加上资源分配不平衡，孩子很难享受到最好的教育，而在国外，人口得到了有效的控制，孩子完全有机会进入最好的学校学习。可以说人口红利不仅让生产效率降低，还严重影响了国家资源的分配，尤其是对教育资源的分配，这会影响到下一代的发展和国家未来的发展。

联想到珠江三角洲制造业遭遇到的一些问题，就不难理解任正非的话。在此前的20多年时间里，珠江三角洲都是中国制造业最兴旺最密集的地区，很多大中小企业都在这儿生存，而当时最大的优势就是人口多，外来的打工者为这些企业的生存提供了基本保障。可以说，大部分制造业企业都是依靠当时的人口红利存活下来的。而当房价、人工工资上涨之后，人口红利开始消失，很多企业开始经营困难，要么就直接关门转行，要么就选择直接退出珠江三角洲，去东南亚其他劳动力更密集、更廉价的国家。

而从根本上来说，盲目利用人口红利本身就是错误的。一家企业最终还要依靠技术来生存，需要借助现代化的技术和机器来完成人力劳动，单纯依靠人多已经无法支撑起企业的发展了，更不能保证企业走得更远。华为公司曾经也是一家依靠人口红利发展的企业，虽然华为依靠工程师红利获得了巨大的发展，可是任正非很快就意识到人工智能技术才是更先进的生产力，尤其是随着5G的发展，华为更需要摆脱对人力资源的依赖，更多地运用人工智能技术和机器人。让机器人加入流程中，可以更好地提升工作效率，毕竟一个机器人的效率可能抵得上几十个员工。对于那些劳动力短缺的发达国家来说，人工智能的作用更能够凸显出来，因为依靠人工智能这种先进的生产方式，发达国家可以有效填补劳动力短缺，并在短时间内成长为工业大国。

这种情况在工业革命之后已经得到了证明。在农业社会和手工业时代，人们的劳动效率普遍不高，但是工业革命带来了机器，机器引发的革命直接让效率大幅得到提升，就像挖土机一样，一台挖土机的工作效率完全比得上几十个劳动力。在人工智能时代，效率只增不减，比如过去需要20个工人在一条生产线上控制好流程，但现在只要一个人控制机器就可以完成所有的工作，而且基本上不会出错。

任正非曾经算过一笔账，假设依靠人工智能，一个人能代替过去10个人的工作，那么加拿大就会直接变成3亿人口的工业大国，而瑞士也会变成8000万人口的工业大国，德国则会变成8亿人口的工业大国。而且随着人工智能的发展，效率还会不断提高，一个人可能会替代过去几十个人，甚至上百个人。

正因为如此，任正非对人工智能非常看重，他也希望华为可以跟上时代的脚步，把握时代发展的机遇，运用人工智能技术改变生产方式，以此来提升华为的竞争力。而在这一方面，华为一直都表现得很不错，比如在很长一段时间内，华为在非洲市场上的工程师每天都需要设计4个站点，这样的工作效率已经非常不错了，可是随着研发人员设计出了一个简单的人工智能装置，一个工程师每天能够设计1200个站点，就因为这项技术，华为直接减少了市场上的1万多名工程师，为公司节约了大量的成本。

又比如2020年暴发的新型冠状病毒肺炎，严重影响了全国企业的发展，很多企业在2020年3月份都没有复工，生产受到了很大的影响。但华为并不担心这样的事情，任正非在接受采访时曾经谈到了华为的手机生产线，说基本上都是自动化完成的，依靠着人工智能系统进行控制，而且生产线上每隔20秒钟就可以生产出一部手机。而这样的生产线在未来只会越来越多，那个时候的华为根本不用在生产线上安排员工，人工智能会控制好一切。

在超级计算、大数据存储方面，人工智能的优势更加明显，这些事人力几乎很难完成，只有人工智能才会实现效率的翻倍和提升。多年来，任正非始终都在强调人工智能技术的重要性，强调人工智能对未来生产方式的改变，并且他也希望华为可以借助人工智能技术来武装自己，提升市场竞争力。

技术研发是不断改进，而不是追求颠覆

提到技术创新，许多人第一时间想到的可能是微软的Windows、诺基亚手机、谷歌的安卓系统、苹果手机以及APP、高通的CDMA、欧洲的GSM。这些创新都有一个特点，那就是颠覆性。它们的出现直接引发了行业变革，引发了人们生活和生产方式的变革，而且这种变化往往是巨大的。可以想象一下，在手机APP或者互联网被发明以前，人们的生活是怎样的，或者说如果让人们现在一下子失去这些东西，人们的生活会变成什么样子。对于多数人而言，如果手机不能打电话、不能玩游戏、不能浏览网页、不能用来进行网络社交，那么生活将会变得多么无聊和枯燥。

技术创新带来了社会的巨大变革，但这种变革是不是一定都是颠覆性的呢？以最近30年为例，真正能够颠覆人们生活方式的产品和技术并不多见，很多时候，技术创新还是建立在不断完善的基础上的，想要做到颠覆并不容易，或者说也并不需要。拒绝盲目的技术颠覆和创新颠覆，一直都是华为坚持的技术研发理念之一。对于华为公司来说，技术研发的本质就是改革生产方式，提升生产效率，只要实现了

这两点，那么就没有必要盲目颠覆现有的技术。

任正非认为颠覆性不一定是好事。

首先，所有成熟的技术基本上都会形成一套完整的商业体系和商业生态，技术的上游和下游都是紧密相连的，盲目颠覆的话，就会打乱整个产业链的布局，整个产业要么将新技术排除在外，要么就直接进行全部的技术升级和更新换代，以适应颠覆性技术的出现。假设华为推出了一款新的人工智能技术，那么原先的材料供应就要发生改变，供应商需要具备更加强大的材料加工技术，才能生产出符合需求的新产品。一些客户也需要及时更换自己的配套设施，才能确保新购买的人工智能产品发挥出最大的效用，就像量子计算一样，即便华为公司在这一领域取得了突破，如果供应商无法提供强大的芯片、无法提供超强的零件，整个量子计算也很难实现。

就像很多国家打算直接研发6G甚至7G技术一样，不仅需要一个逐步改良的过程，还需要构建相应的生态体系，因为市场上根本不存在与这些技术相匹配的设备与基础设施，将6G技术安装在只能运行3G、4G的基站或者设备上，6G技术就彻底废掉了。所以无论是哪一个国家、哪一家企业，在想尽办法推出颠覆性的技术时，一定要了解整个市场环境和整个行业的生态环境，只要环境还不允许，那么技术的成功性就非常低。就像如今非常火爆的AR和VR技术，虽然技术越来越成熟，但是市场上相配套的设备还处在一个低水平上，人们无法真正感受和体验到这些技术的超强魅力。

所以华为认为技术研发应该考虑到整个商业生态的布局，需要考虑到行业的应变能力与进化水平。一家公司的技术创新和突变可能会引发巨大的市场效应与行业效应，但是否真正能够带动整个行业的发展还不好说。如果行业的水平还无法跟上技术研发的水平，那么这种颠覆性除了制造负担之外，根本没有什么太大的现实意义。这些年，华为的每一个技术进步都是针对行业变化来进行的，对于超出行业生态发展范畴的东西，并没有过度去涉及。

其次，颠覆性创新的技术难度很大，对任何一家企业来说可能都会是一个负担，就连那些以创新而闻名的大公司也不会轻易去尝试，谷歌公司、苹果公司、微软公司在最近10年时间里都没有什么进步和突破，就是因为颠覆性技术的难度非常大，会造成不必要的资源浪费，大幅增加企业的研发成本，弄不好就会拖垮公司。即使目前颠覆能力最强的马斯克也没有足够的把握将超级高铁的项目做到最佳水平，因为这个项目太烧钱了，而且技术难度非常大，实施起来会非常棘手，如果没有外来资本和外来技术的支持，基本上很难单独完成，而且马斯克本人也经常处在资金缺乏的风暴中。华为也有过一些很伟大的想法和黑科技理论，包括对6G、7G和量子计算的探索，但是这些仅仅停留在设想阶段，因为任正非明白依靠现有技术，可能无法实现这些设想，或者说实施起来的成本太大了，有可能会摧毁华为。

最后，任何技术创新最终都是需要服务于市场的，没有市场和客户的支持，颠覆创新只会是一次无意义的资本消耗和人力消耗，企业很有可能熬不到颠覆性创新技术得到应用的那一天，或者说好不容易等到这项技术能够创造价值，可能技术的吸引力已经下降了，企业的辛苦付出并没有得到应有的回报。就像在工业时代发展那些超级人工智能技术一样，不仅不现实，而且还缺乏市场。

对于华为来说，技术应该一步步发展，应该和整个社会的发展基本保持一致。技术可以引发社会的变革，但是一旦领先社会太多，就会引起技术和生产的脱节。多年来，任正非始终强调一个观点，技术研发应该坚持改良主义，应该在原有基础上逐步改善和提升，而不是一下子就寻求颠覆性的成果："我是主张改良的，一点点地改，不主张大刀阔斧地改革。华为必须坚持改良主义，通过不断改良，实现从量变到质变的过程。华为在高速发展的过程中，轰轰烈烈的巨变可能会撕裂公司。所以要在撕裂和不撕裂中把握好'度'。我们处理发展速度的原则应该是有规律、有预测地在合理的增长比例下发展，但我们也必须意识到这样做所带来的不稳定。我们必须在此基础上不断地提高我们的管理能力，不断地调整管理能力所能适应的修补程度，以使我们适应未来的长期发展。"任正非所谈到的管理创新其实就包含了技术上的创新管理，在他看来，技术创新的步幅太大，同样会撕裂整个公司。

华为人要发挥工匠精神，提升产品的竞争力

　　2012年上半年的时候，华为公司曾经推出了智能手机P1，之后又发行了D1，并希望借助这两款手机进军中高端手机市场。可是由于仓促推向市场，两款手机并没有取得太大的市场反响，手机功能、外形设计、性能体验都被消费者疯狂吐槽。大家都觉得这两款手机的技术打磨根本不成熟，不能如此草率地推向市场。

　　考虑到华为的战略规划，任正非对这件事非常重视，也非常生气，直接将项目负责人余承东叫到了办公室，然后按照网友的意见和批评，逐条列出了这两款手机存在的缺点，其中大部分都是技术上的不足和缺陷。当时任正非的火气非常大，觉得余承东没有把好技术关，以至于华为手机的品牌形象一下子就被摧毁了，据说他直接将手机摔在余承东脸上。

　　也正是这一摔，让余承东幡然醒悟，意识到自己在手机技术管理方面过于随意了，可以说这两款手机的失败是必然的。在这个前提下，余承东做了两个决定：第一，直接辞退了内部的研发人员，然后从外界招聘一批更有实力也更有经验的研发者；第二，他下定决心对

手机的整个生产链条进行整顿，比如更换了原材料供应商，开始选择一些质量更好的原材料，还从其他公司挖来了专业的管理人才。至于手机设计和技术研发方面，余承东希望让更加专业的人来接手，还花费重金从三星公司挖来了杨拓。而为了控制好手机的技术水准和质量水准，他直接要求研发人员一定要在研发基础上不断打磨，精进自己的技术，所有的环节都要不断强化和改进，直到让管理人员感到满意为止。

而正是因为余承东狠抓技术管理，要求员工发挥出精益求精的精神，才使得华为手机开始慢慢走上正轨，能够在技术层面和质量层面与那些高端手机品牌进行竞争，而这也为华为手机之后的高速发展奠定了基础。

如果将时间放得更长远一些，那么任正非很早以前就对华为提出了在技术上精研的要求，他还重点提到了日本人的"工匠精神"。很多日本的企业虽然规模不大，但是技术却领先全世界，原因就在于日本人在进行技术研发的时候，不满足于技术的成形，而关注技术还能进步多少，还有什么改进的空间，还有多少值得完善的环节。正因为如此，他们总是对现有技术进行精进处理，总是不断去强化技术的革新，确保整个产品的技术达到更加成熟的水平。在这种工匠精神的作用下，日本的产品成为全世界高科技、高质量的代表，一颗螺丝可以使用几十年不烂，一台机器可以运转几十年不坏。

著名经济学家、中国农业银行前首席经济学家向松祚，在2018年于四川成都举办的中国品牌节上，特别提到了中国当前的技术发展问题："我们和德国、日本的差距非常大，所以任正非先生讲，我们和欧美、日本的差距是三个字，叫高、精、尖。在座的各位要知道，我们今天生产手机也好，生产汽车也好，生产几乎所有的东西，我们很多最尖端的设备没有，最根本性最尖端的材料没有，最尖端的工艺我们没有。最近参观很多厂，包括几家手机生产厂，包括电池厂家，基本上都有一些实现自动化的生产线，但是大家去看一看，在那些自动化生产工厂里面，都是谁的设备呢？包括华为的手机生产厂，里面的机器手，大部分都是国外品牌。"

任正非曾经在多个场合谈到了华为的发展和中国的发展问题，其中关于高精尖技术的话题是最多的。中国缺乏高精尖产品，一方面是因为技术底子不厚，加上外国的技术封锁，所以在技术上实现突破比较困难；另一方面的原因则在于很多中国企业盲目求快，对于技术研发缺乏耐性，缺乏精益求精的工匠精神，以至于技术的进步非常缓慢。

华为公司虽然取得了不错的成就，在技术创新领域也足以与那些顶级的科技公司媲美，但华为人的工匠精神还不够强大，还无法像德国人那样严谨，也没有日本人的精益精神。在脚踏实地搞研发的同时，华为人还需要变得更加专注。比如有一次，华为在测试某款手机摄像头的致损率时，发现了当手机掉在地上时，摄像头只有三千分之一的概率摔坏，这样的致损率在整个市场上来说并不高，很多企业生产的手机比这要高不少。但任正非并不满意，觉得华为有必要继续改进工艺标准，提升摄像头的防摔抗摔技术，所以在那之后华为又不得不投入几百万美元继续进行改进和测试。

对于华为公司来说，要想在市场上赢得竞争优势，不仅要研发出更多的新技术，还要在技术精度上下苦功夫，在细节上进行打磨，让技术日臻完善，这样才能获得客户的认同。就像同样是研发手机一样，虽然同样拥有出色的摄像技术，同样拥有性能强悍的芯片和出色的材料，但是对于那些精益求精的品牌来说，它们的手机可能摄像技术更加完善，芯片性能输出更加高效，外形设计和材料研发更加合理。技术的严格管控、提升和完善，使得对手机的体验完全不同，自然而然，手机品牌的影响力也就不同。在其他方面，也是一样，华为需要强化技术管理，以更加积极的心态来提升技术的使用指标。

对科技以及科研人员给予包容

世界上最出色的企业、最具竞争力的企业往往也是最开放最包容的企业，这些企业具有良好的创新和技术研发氛围，能够包容新技术，包容那些研发技术的工程师和科学家。华为在过去几年一直都在强调企业文化，包容开放的企业文化也是华为一直在追求的，经过多年的发展和建设，华为的包容文化变得更加丰富。

首先是对新技术的包容。在任正非看来，社会应该对新技术的出现保持宽容，有些技术有利于人类的进步，有的技术可能会阻碍文明的进步和发展，但无论是什么，人们都应该给予技术更大的发展空间，要慢慢去了解和认识这些技术，要用时间来验证一切。就像很多人对人工智能也质疑，未来的人工智能可能会引发一系列社会伦理问题，给社会制造很大的麻烦，但这些担忧可能在30年或者50年以后，人们不能因为存在隐患就将人工智能的发展一票否决，要知道人工智能将会给技术发展和社会发展带来巨大变革，人们的生活将会面临翻天覆地的变化，而且人们在发展和应用人工智能的时候，也会慢慢想出更多规范性的东西来约束和引导人工智能的合理发展，避免给世界带来麻烦，毕竟技术的使用永远都掌控在人类的手中。正因为如此，任正非建议社会要给予人工智能一些宽容，不要总是盲目阻挡。

很多人在谈到人工智能时，认为它会剥夺更多的就业机会，会阻碍社会的进步，影响人们的生活水平。对此，任正非强调："人工智能只会给这个社会创造更大的财富，提供更高的效率。既然有了更多财富和效率，就业就会有别的渠道。但人工智能会影响和塑造这个国家的核心变量，这个国家会因为应用人工智能而发生天翻地覆的变化。

"在这种情况下，我们要把它变成整个国际社会和社会结构发展历程的动力。其自身的发展要取决于一个国家的基础能力，基础能力就是教育、人才、行业成熟性的算法、算力、基础设施的提供（包括超级计算机、超大规模的成熟系统、超熟链接等）等一系列给予的支撑。我认为这个时代到来以后，会使人类社会变得更加繁荣。"

人工智能并不是什么魔法，也没有人们想象中的那样高度智能化。严格来说，目前所谈到的人工智能并不是真正的智能，机器并没有进化出神经系统，不能进行自主思维，也无法像人类那样思考和创新，它更多的还是处在自动化的范畴。所以在谈到人工智能可能产生什么影响时，人们更应该去看看自动化技术发展的进程以及对人类生活的影响，这样就可以有效预测到人工智能对未来生活的影响。

即便是谈到5G技术时，任正非也表达了自己的观点，那就是既不要感到恐慌，也不要夸大功能。5G技术不是什么原子弹，人们只需要将其当成一个鸡蛋即可。任正非认为，无论是社会，还是华为内部，都要对新事物给予信任和宽容，要给科学家和研发者在学术上提供一定的自由。人们同样可以质疑甚至歧视，毕竟在很多技术发展的过程中，人们同样曾担心技术带来的副作用。但是在时间和实践的检验中，问题得到了妥善解决，原先担心的副作用并没有出现，至少不会对人们的正常生活产生严重影响。

为了打造一个宽容的环境，任正非建议要保护好那少数突破常规思维、突破传统，拥有新思想、新科学、新技术的人。这些人在人数上并不占优势，但真理往往掌握在他们手中，企业的发展和社会的进步也掌握在他们手中。这部分人需要进行重点保护，不要让他们在从众思维和传统思维中被绞杀。华为有一句口号，就是绝对不用完人。在华为看来，一个完全没有缺陷的人不存在，而且这样的人也是不会进步的，毕竟任何一次成功都是从多次的失败和错误开始的。

对研发人员的宽容还体现在对研发人员犯错的包容，任正非说过："华为的容错率是很高的，放手让大家去做，在研究上要允许大家犯错误，要给时间和空间让研究人员安心去做。假设一个新研究项目能够做出来，那华为就获得了天才；假设一个新研究项目做不出来，华为就得到了人才。因为能够成功的项目非常少，所以是天才。而项目失败的研究人员，他们经历过失败，知道失败的滋味，同时努力过、奋斗过，所以一定可以更好地总结过去，不重复犯同样的错误，继续前进，这正是公司所要得到的人才。

"科研本来就是试错的过程，没有试错哪会有创新？创新本来就是不容易的事情，如果每次创新都会成功，那也就不是创新了。所以能够创新成功的项目本身就少之又少，一旦成功也就是天才了。我们鼓励创新，就要接纳创新失败。如果一旦失败，或者犯错，就被淘汰或被贴上标签，就不会有人敢去创新。华为会包容创新上的失败，不会因为失败而否定大家。"

当然，容错率高并不意味着员工可以肆无忌惮地犯错和试错，并不意味着华为的研发和创新方向就是漫无目的的。华为允许犯错和失败，但不允许胡来乱来。任正非认为华为的一个重要特点就是拥有极强的战略耐心，华为的所有创新和尝试都受到战略框架的界定和束缚，相关的信息都被广泛纳入战略框架之下，相关的项目都经过层层筛选，它们是与战略目标、战略方向保持一致的，所有选择出来的项目都控制在主航道上，公司会形成一个项目集群，然后巧妙地组合各种资源去实施相应的计划，而并不会出现盲目创新、盲目挑战以及盲目失败的情况。

无论是对科技创新的包容，还是对科研工作者的包容，本质上都凸显出了华为企业文化中的包容性。正是这种包容性使得华为能够保持强劲的发展动力，能够在不同的时代发展环境下拥有出色的竞争力。

第六章

企业文化管理：
文化是生生不息的资源

不要再提互联网精神

在最近20年的时间里，最大的科技革新来源于互联网。可以说，互联网的出现改变了整个世界，人们的生活方式、生活习惯、生活理念都被颠覆了。对于企业来说也是如此，各种互联网企业应运而生，即便是制造业和其他与互联网关系不大的产业，也积极倡导互联网精神。

那么什么是互联网精神呢？这其实和互联网的基本架构有关。互联网的雏形阿帕网采用了一种分布式结构，这一结构拥有一个显著特点，它去掉了中心交换点，而每个节点都有多条途径通向其他节点，看上去像是一张由很多节点组成的网络。正因为拥有去中心化的底层技术架构，互联网从诞生开始就带着平等、开放、合作和分享的气质，这就是所谓的互联网精神。从某种意义上来说，互联网会抹掉群体沟通的成本，企业和个人可以在无组织、无经济契约的状态下，实现信息的共享。正因为如此，人们有可能会在某种非营利动机下，进行协同合作和集体行动，凝聚成强大的力量来改变世界。

在很长一段时间内，企业都在大谈互联网精神，协作和分享也成为一个非常重要的时代标签。但在信息时代，互联网精神已经明显被神化了，大家都在盲目崇拜互联网精神，都在想办法给自己贴上"互联网"的标签，似乎这样一来就可以提升自己的档次。对于这一点，任正非表达了自己的担忧，他多次在内部发表讲话，特意强调华为不应该去炒作互联网精神，而要踏踏实实夯实基础平台，尽量让端到端的实施过程透明化。

当时任正非强调的端到端的实施过程透明化，包括了很多内容：从供应链到代表处仓库的端到端，短时期内的全流程贯通。目前华为还没有实现端到端的透明化，很多代表处的账本还存在问题，依旧需要继续改进。华为需要提拔那些表现突出的员工，让他们去中等国家甚至是发达国家处理账实不相符的问题，只要能解决问题就应该获得提拔。在任正非看来，华为真正需要变革的东西很多，需要完善的地方也很多，而不要总是将目光聚焦在互联网精神上。互联网精神，并不是华为欠缺的，也不是一个优秀企业应该去反复讨论和追求的。任正非更是发出了"不要为我们有没有互联网精神去争论"的最强音。按照任正非的说法，互联网虽然有很多好东西，互联网精神虽然有很大的优势，但是华为拥有自己的发展精神，拥有自己的价值观和文化，这些发展精神最适合华为的发展状态，华为并不需要互联网精神来丰富自己的文化基因。

"5000年后，如果还有人想吃豆腐，就总会有人去磨豆腐的。我强调的是，我们为信息互联的管道做'铁皮'，这个世界能做'铁皮'的公司已经只有两三家了，我们也处在优势，不要老羡慕别人。现在我们很多的员工，一提起互联网，就不断地说：'我们不是互联网公司，我们一定要失败。'他们没有看到，能做太平洋这么粗管道'铁皮'的公司已经没几家了，我们一定是胜利者。所以要坚定一个信心，华为是不是互联网公司并不重要，华为的精神是不是互联网精神也不重要，这种精神能否使我们活下去，才是最重要的。乌龟就是坚定不移地往前走，不要纠结，不要攀附，坚信自己的价值观，坚持合理的发展，别隔山羡慕那山的花。"

互联网精神有其可取之处，但任正非明确表态华为拥有自己的价值观，拥有自己的产业定位，拥有自己的发展目标。对华为来说，互联网精神或许并不那么重要，因为华为现有的一切都很稳定，而且都是最适合华为发展的，因此没有必要再过多地去强调一些可能会带来不稳定因素的互联网精神。

任正非还在媒体面前非常郑重地告诫大众："不要再提互联网精神，以免误导青年员工。一定要相信汽车必须是汽车，金融必须是金融，豆腐必须是豆腐。"一个有追求的人，一家有追求的公司，应该避免盲目跟风互联网，不要去焦虑自己是不是互联网企业，只要将本职工作做好就行。互联网上提供的机会不一定就适合企业，华为不要在互联网时代搞投机主义，其他企业也不要抛弃本行，在互联网上投机。

随着这些年互联网泡沫的增加和放大，互联网精神也在慢慢退场，比如很多互联网上的创业者只需要提出一个"互联网+"的概念，就可以轻松筹集几千万元的资金，甚至估值超过几个亿，但这些概念本身并没有创造价值，而是借着开放和分享的噱头进行财富收割，而这样的互联网企业往往会面临破产。任正非不希望华为也像这些互联网企业一样缺乏实干精神，缺乏踏实的干劲，被一些虚无缥缈的概念和目标捆绑。对于一家制造业公司来说，华为更加看重的是实体经济的运行。

此外，互联网精神应该有一个明确的边界，但很多时候，过度强调互联网精神就会模糊这个边界，这样就会带来一系列问题，最明显的就是分享经济下的侵权。在过去，互联网上的知识是可以分享的，人们不用花钱就可以在网络上获得自己想要的资料。音乐和影视也是免费的，只要打开相关的网站，人们就能够免费下载。可是在大家日益重视知识产权的时候，付费经济开始出现，也必然会出现，人们上网查资料需要付钱，看电影需要充值成为会员，下载音乐需要支付版权费。付费经济的出现就打破了原先无条件、无制约的分享模式，使得更多的知识版权得到了尊重和保护。

正因为互联网精神存在一定的缺陷，而且与华为的价值观存在一些冲突，所以任正非一直都在反对热炒互联网精神，一直都在反对外界将华为按照是不是互联网公司的标准进行定性。在他看来，华为有自己的系统，有自己的文化体系，没有必要被互联网精神捆绑起来。

把素质导向放在责任结果导向之后

2019年8月20日,任正非发表了讲话:"我曾在CNBG讲'在代表处粮食充裕的条件下,允许有23级的专家或客户经理',然后心声社区骂声一片,说'坚决不要'。他搞错了,其实指的是他就是23级,不是公司派23级。战争都胜利了,为什么不可以提拔到合适的级呢?攻下山头的团队,为什么不可以有'司令',从胜仗中选干部?在干部政策上,我们是责任结果导向,把素质导向放在责任结果导向之后。如果他当上了'司令',考试还总不合格,那再下来,但可以补考。干部可以在战场上选拔,但是素质提高也是必须的,没有说允许像李云龙一样骂骂咧咧。年轻干部刚上来没经验,总会做一两件错事,现在公司很多模块都有指引,只要认真学习,他们会很快找到少做错事的方法。所以,代表处要加强在战壕中提拔基层优秀员工,基层员工中不一定就没有'上将'苗子。"

在这次谈话中,任正非强调了一个观点:以责任结果为导向,把素质导向放在责任结果导向之后。而实际上在关于素质导向与责任结果导向孰轻孰重的划分上,一般都是按照企业的特质来决定的。对于一些看重企业文化或者具有鲜明企业文化输出导向的企业来说，往往会看重素质导向，对员工的做事方式、做事原则、行为规范、做事过程有更多的控制和要求。华为恰恰是典型的文化输出导向的企业，公司对企业文化非常看重，按道理来说，华为一定会看重素质导向，一定会要求员工按正确的方式做事，要时刻关注自己的行为。而按照任正非的说法，华为反而坚持以结果为重，确保员工将完成任务当成首要任务，至于怎样完成、以什么方式完成，则在其次。换句话说，华为看重结果要重于看重过程。

为什么任正非要这样说呢？原因很简单，第一点就是创造价值和完成工作任务是员工的第一要务，只有为企业创造足够的收益，员工的价值才能体现出来。至于是否按照通常的方式做事，与最终的结果并没有什么必然的联系，按照通常的方式做事不一定就会产生理想的结果。华为公司认为一个员工的行为是否合乎常理有时候并不那么重要，即便有些员工行为叛逆，与他人表现不一样，但是只要这个人有真才实学，而且确实可以将手头的工作做好，那么公司就需要包容这样的人。就像主管终端业务的余承东一样，曾经被称为"余大嘴"，被认为缺乏华为人的低调，做事情过于张扬，但事实上，这些年多亏了余承东，华为手机才可以逐渐壮大，并且一跃变成世界第二畅销的手机品牌。在这一点上，华为公司以及任正非都在秉持一个基本的原则：无论是黑猫还是白猫，只要能抓住老鼠，那就是一只好猫。

第二点，坚持以责任结果导向为主，坚持以责任结果导向为先，有助于更好地打造一支能打胜仗的队伍，有助于激发内部的积极性。如果坚持按照素质导向为先，那么就会出现一种"精英分子"工作消极的现象。这些精英分子拥有很不错的履历和学历，拥有不错的工作经验，他们本身也有很强的能力，但问题在于，如果仅仅以素质来考核一个人，来提拔一个人，那么那些素质更高的人可能会变得懈怠，因为他们知道即便自己只出一半的力，也能够获得公司的认同。反过来说，那些努力工作但素质评价不高的人，可能会彻底失去奋斗的信心和决心，因为他们会意识到无论自己做得多出色，可能都会因为一些先天优势不足而失去公平竞争的机会。

在华为公司，有很多海归派，有很多高等院校的博士，有很多从西方大公司里高价聘用的人才。这些人大都具备高素质，可是他们未必就一定能够将工作做好，未必能够把成绩做出来。反倒是一些学历、阅历都不够丰富的员工，有时却能够做出很高的绩效。很重要的一部分原因就在于，这些高素质人才一直以来都享受着高工资、高职位和高福利，他们形成了一种思维惯性，觉得自己不努力也能获得更好的待遇。

华为多年来虽然重视员工的素质考核与素质培养，但是始终采取包容的、灵活的姿态。绩效考核仍旧是最关键的因子，员工在公司里的工作最终还是以责任结果为导向的，工作成绩决定了他们在公司里的地位和待遇。

任正非认为，管理其实就是责任结果导向，这也是华为对所有员工提出来的要求。素质导向是公司的另外一个规定，但是这个规定始终要服务于以责任结果为导向的管理理念。对于华为公司来说，只有创造了更多的利润，只有帮助企业获得了进步，员工的价值才算真正体现出来。

华为公司要做到内外合规

在谈到一家优秀企业应该有的形象时,许多人可能会强调技术优势、规模优势、人才优势、资本优势,而在任正非看来,一家优秀的企业无论从什么角度来理解,都应该做到内外合规。内部合规主要关乎企业的管理是否到位,制度是否完善,执行力是否到位,对员工是否负责;对外合规,则强调是否对客户负责,是否对社会公众负责,是否拥有良好的影响力,比如产品的质量是否达标,公司的行为是否对社会造成了负面影响。

这里强调的内外合规,不仅仅是法律层面上的东西,还有很多属于道德以及公众规范的内容。成功的、优秀的企业能够在市场上拥有强大的影响力和良性的反馈,在社会上也应该起到更广泛的正面示范作用,增强并合理把握住自己的社会话语权或者公众话语权,真正推动社会的进步,真正做到为社会文明的进步和人类的发展而服务。

其实早在2014年的时候,任正非在谈到华为的发展问题时,就谈到了一段话:"2014年,我们将继续推进全球化建设;整合全球最佳资源,提升公司的效率和能力;促进本地经营团队能够承担起本地经营责任，不论国籍都能获得相应的授权；优化海外子公司运营管理机制，保证合规运营；构建和谐的商业生态环境，让华为成为对当地社会卓有贡献的企业公民。"在这段话中，可以看出任正非对华为公司做了一个明确的职能定位，而且对华为公司提出了相应的要求。这些要求所反映的就是内外合规的一些标准，或者说体现出了华为在对内对外事务方面的一些文化准则。

在最近几年，以美国为首的很多西方国家开始大肆抹黑华为，认为华为公司存在一些系统漏洞，认为华为可能会借助技术和设备进行信息监控，给西方国家造成威胁。针对外国无端的猜测和指责，任正非一直都在强调华为的自我定位问题：在多年以前，华为将内部网络定位为防范对手进行恶性竞争的网络，但绝对不会针对外国政府，因为华为根本没有那么多钱来"攻城略地"，因此只能把钱花在防范恶意竞争上。

事实上，华为公司在国外接受的审查是最严格的，美国更是对华为保持强大的防御和排斥，对此任正非坦言："至于美国当时进来看看，可能也不是因为我们强大，可能是好奇吧，觉得'你这个人应该很有钱'，结果我没钱，当年我最大的优点是没钱。当然，今天我已经被外面说是资本家了，过去真没钱。中国反腐那么严，这么多年没有我们的事，我们在国外也是'夹起尾巴做人'。我们未来要更加注意内外合规的管理，提到更高标准。"

任正非坦言华为在前30年是穿着草鞋的"农民"，好不容易走进了世界级别的殿堂，走到了通信设备制造行业的巅峰，自然也应该积极打造并进化出一整套适应新世界的内外合规体制。简单来说，就是通过一个内化的管理体系，来提升和规范对外业务的能力，从而保证内部管理和外部交易合理合规。

任何一家优秀的企业必定是由内而外的，华为也是一样。华为之所以能够在世界上保持良好的形象，得益于内部的掌控机制非常合理。任正非认为队伍往往不是被外人打散的，而是自己解散和分裂的，华为需要通过铁的纪律来强化队伍的凝聚力和执行力，需要通过更加强势的管理方式来抑制组织内部的腐败行为。虽然公司的发展越来越快，但依然存在很多问题，这些问题不加以控制和解决的话，就会影响企业的正常运转，会破坏企业的形象，会让整个华为的发展蒙上一层阴影。

为了避免高速发展带来的管理漏洞和腐败滋生的现象，公司加大力度对组织内部腐败进行预防和治理，而主要的方式就是在内部设立三道防线。

第一道防线是业务主管，他们是内控的第一责任人，在流程中建立内控意识和能力，在创造价值的同时，做好内控工作，尽量做到流程的环节遵从和流程的实质遵从。通常情况下，95%的风险要在流程化作业中解决，因此，华为公司一直积极落实流程责任制，业务管理者必须真正承担内控和风险监管的责任。

第二道防线是内控及风险监管的行业部门，这是公司的稽查体系。考虑到公司要针对跨流程、跨领域的高风险事项进行拉通管理，仅仅负责方法论的建设及推广还是不够的，做好各个层级的赋能势在必行。部门在稽查的时候应该聚焦事中，重点辅助业务主管的工作，主要帮助业务主管成熟地管理好自己的业务，发现问题、推动问题改进、有效解决问题。简单来说，这是一个关于业务流程化作业的监督体系，而稽查部门本身不承担内控责任。

第三道防线是内部审计部，他们是华为公司内的司法部队，会通过独立评估和事后调查建立冷威慑。在流程中，如果被审计抓住一个缝子，他们就会一查到底，并且专注在每一个正在查询的问题上不放松，争取将风险排除。而且审计不存在查大查小的问题，抓住什么问题就严查什么问题。为了推动审计工作的进行，华为公司制定了很多严格的规章制度——"明确收到供应商、各客户……单据、投诉的事务性员工，必须当天或者不迟于第二天，将消息贴在公告栏上；一周内必须把单据整理好上传，并给客户开具通知，稽查审计凭此查不作为员工。前五年有意迟滞单据传递的，接受过供应商旅游度假……的事务性员工要反思，不合适的员工要进入末位淘汰资源池，但仍可以在职在岗自省。轻的可以降职降薪，弃除虚拟股ESOP或TUP。"公司还会重点强化对干部（在职或者离任）的审计。

此外，华为公司一直都在坚持岗位问责制和个人负责制，强化监管方法的科学性，争取提升监管的效率和质量，比如简化流程，对前因后果进行分析。还有一点很重要，任正非强调一定要对那些处在监督岗位上的员工给予奖励，正是他们的辛苦劳动，才保障了公司可以做到内外合规——"我个人建议在内控、内审、稽查、CEC、法务、信息安全、子公司董事……监督岗位工作的所有员工，只要有三年以上的监管岗位工作经历，就应该给他们每个人发一个奖章，奖牌刻上'英雄万岁'。不仅是在座各位，前线监管岗位的员工比你们还辛苦，有好事也不能漏掉他们。"

而为了实现内部与外部的规则对接，任正非做出了总结，那就是"做好本职工作"，即"每个员工都要把精力用到本职工作上去，只有本职工作做好了才能提高，才能为你带来更大的效益。国家的事由国家去管，政府的事由政府管，社会的事由社会管"。对华为公司来说，这就是外部合规的体现和一种重要的习惯。研发产品、推动社会技术进步，这是企业要做的分内之事，至于一些社会问题，应该是学者们去做的，是政府的职责所在，华为不能不懂装懂、越俎代庖，过度干涉一些社会性的问题。只有这样，华为才能在专注经营市场、专注服务于客户的同时，赢得外界的认可。

华为不需要感恩的员工

在谈到企业文化对团队成员的影响时，通常会涉及几个重要概念："主人翁精神""归属感""荣誉感""存在感""自我价值实现"，而这些概念往往和企业、个人之间的关系有关。简单来说，一家优秀的公司必定拥有优秀的企业文化，而在优秀企业文化的影响下，公司与员工的关系应该更为密切，彼此之间相互信任、相互尊重，而员工还要对公司所提供的报酬以及发展平台保持感恩。

在很多时候，一些大公司的优秀员工都会对公司表达自己的感激之情，一些员工即便离开了公司，也会对之前的发展经历表示感谢，会感恩公司当初为自己所做的一切。但在华为，则不需要员工对公司、对领导感恩。任正非认为，一家公司发展的好坏不用员工进行情感评价，不用员工来感恩公司，当一家公司的员工觉得自己应该要感恩公司了，那么也就意味着公司提供的报酬或者机会已经太多了，超过了员工的付出以及所创造的价值。

就像一个华为研发人员在获得100万元的年薪时，可能会横向地与自己此前所在的一家公司的工作薪酬进行对比。假设此前一家公司给出的年薪是60万元，那么他有理由对自己在华为获得的100万元感到高兴，可是如果他因此而觉得应该感恩公司，那么有一种可能是"这个员工自己都不觉得配得上这100万元的年薪"。换句话说，这个员工实际上多领了工资，也许他的真实能力只能获得80万元，这个时候对于获得的100万元自然欣喜若狂，要感恩公司的器重。

另外，对于华为公司来说，员工对工作负责的责任心比感恩之心更加重要，因为在公司里，员工与公司的关系最重要的是契约关系，这也是一层最基本的关系，双方之间不存在道义上的互帮互助，也没有必要刻意去强调彼此之间的感情联系。一般来说，即便华为公司为员工开出了高工资，这也是员工应得的报酬，他们所创造的价值肯定是高于薪水的。而华为之所以愿意为员工提供更多更好的发展平台，也是因为他们值得华为去培养，而且这种培养和成本投入是能够创造更多的回报的。在契约中，公司最希望员工做到的是对工作认真负责，努力完成公司下达的任务，争取提升工作效率和能力，为公司赢得更大的利益。

不让员工对公司心怀感恩，这或许才是华为刚性文化的体现，对华为而言，员工的责任心才是对华为最大的尊重。在《北国之春》一文中，任正非就曾强调："对人负责制与对事负责制是两种根本（不同）的制度：对人负责制是一种收敛的系统；对事负责制是依据流程及授权，以及有效的监控，使最明白人具有处理问题的权力，是一种扩大发展的管理体系。而现在华为的高中级干部都自觉不自觉地习惯于对人负责制，使流程化IT管理推行困难。"如果公司推广的是感恩文化和人情文化，那么华为公司可能会最终被内部的腐败问题困扰，甚至走向毁灭。原因很简单：当所有员工都在强调感恩时，可能会形成比较严重的对人负责制，下属们对提拔自己的人心怀感恩，对自己的顶头上司心怀感恩，这样反而容易形成小团体主义。其实华为的人事考核都是以最终的绩效为标准的，属于结果导向体系中的一个重要组成部分。一旦形成感恩的心态，形成强大的人情往来习惯，那么结果导向和业绩考核的体系就会面临崩溃。

在任正非看来，华为应该是一支纪律性很强的队伍，队伍中的每一个人都明白自己要做些什么，都明白自己适合做些什么，所有的人都是被安排在流程当中的，都是为了同一个目标而奋斗，都在为自己的工作负责，不存在也没有必要去感恩什么。事实上，员工的工作和薪酬都是制度中已经设计好了的，该做什么工作，该拿多少钱，都有明确的规定，那些拿工资较多的人只不过是因为工作做得更出色而已；华为员工所获得的一切都是自己努力奋斗、创造价值带来的必然结果，是和个人的付出成正比的，付出越多，创造的价值越大，个人从公司获得的收益也就越多，这些是铁的规定，也是公司奉献文化、奋斗文化的体现。反过来说，如果一个人在工作中做得不够好，那么有可能面临降薪、降级、开除的处分。对于这些，公司也是完全按照制度来执行的，根本不存在人情的说法，员工也没有必要去记恨，只需要记住自己下一次需要更加努力，需要拿出更好的状态应对工作，重新获得公司的认同即可。

从华为公司一贯以来的管理风格上就可以看出，华为在对员工的管理中很少提及"主人翁"之类的词，而是强调"以奋斗者为本"，强调公司尊重那些能够创造价值的员工。在华为的文化体系中，奋斗、能力、价值、竞争、合作，是最常提到的概念，而这些文化要素本质上就体现出了华为的文化导向：它绝对不是一支依靠人情来打造的队伍，责任、纪律、血性才是团队高歌猛进的动力源泉。

相信华为不会死去

2019年5月16日，华为副董事长胡厚崑签发了〔2019〕52号电邮通知，内容是《致员工的一封信》。在这封信中，华为表示："美国商务部工业与安全局将华为列入所谓实体清单的决定，是美国出于政治目的持续打压华为的最新一步。对此，公司在多年前就有所预计，并在研究开发、业务持续性等方面进行了大量投入和充分准备，能够保障在极端情况下，公司经营不受到大的影响。时间将会揭开虚伪的面具，阴霾过后阳光必然普照。请大家坚定信心，踏踏实实做好本职工作，持续奋斗。任何艰难困苦，都不能阻挡我们前进的步伐。"

而在此之前，华为内部出现了一些声音，有些人担心华为会扛不住，毕竟华为的很多产品都需要美国的芯片和其他元件来支撑，如果美国断供华为，那么这些产品的生产和供应就会受到很大的影响。外界对华为也是一片唱衰，大家都觉得华为可能会像中兴一样，在美国的打压和敲打下做出妥协，或者直接在这一次风波中垮掉，毕竟华为一直都被美国当成"眼中钉"。可是华为并没有受到太大的影响，虽然美国的断供会让华为遭遇一定的困难，甚至造成几百亿美元的损失，但是并不会对华为造成致命打击，华为人有信心挺过难关。任正非也承认美国的打压会产生一些消极影响，但这种影响不是全局性的，也不是毁灭性的，只不过华为原来下的鸭蛋，可能会变成下鸡蛋，这只是规模上的收缩，而不是一种暴减，华为不会下出鸽子蛋的。任正非认为华为不仅不会死去，还会在最高端的领域打败对手。自然而然，华为可能会趁着这个机会逐步淘汰那些低端领域的部件和业务，而这些原本就是应该淘汰和放弃的东西。所以总的来说，华为不会死去，只不过是销量稍微受到了一些影响而已。

不仅如此，任正非还强调华为会继续与美国合作："以前不坚强时，我们都加强与美国公司合作；更坚强以后，我们更会和美国公司合作，更不怕再发生类似的情况。我们不害怕使用美国零部件，不害怕美国要素，不害怕跟美国任何人合作。但是，也可能一些公司没有我们那么强大，可能会谨慎使用美国要素、美国成分，这些对美国经济会有一定的伤害。但是华为不会，我们已经很坚强了，是打不死的'鸟'。"

后来，任正非又这样说道："我们已经做了两万枚奖章，上面题词是'不死的华为'，我们根本不认为会死，我们为什么把死看得那么重呢？我们梳理一下问题，哪些去掉，哪些加强，胜利一定是属于我们的。""华为是不死的"正是任正非希望所有华为人记住的一点，也是他灌输给华为人的精神意志。

在过去，任正非始终都在强调"华为的危机"，始终都在强调华为面临的各种困难，他甚至发出"下一个倒掉的会不会是华为？"的猜测，为的就是让所有华为人可以保持危机意识，可以用危机文化来激励自己。可是当危机真的到来的时候，任正非要让所有的华为人保持信心，保持乐观向上的态度，凝聚成一股合力，努力渡过难关。这两者并不矛盾，培养员工的危机意识是为了提升员工的竞争力和积极性，让员工拿出更强的斗志，避免消极怠工和盲目自大。而在危机到来时激励员工华为不会死去，同样是为了激励员工的斗志。

而且随着时代的变化，随着华为在行业内地位的提升，所有华为人必须拥有足够的自信，必须对华为拥有足够的底气。任正非之所以会这么说，一方面是因为华为公司抢占了5G技术的高地，在通信领域的其他方面也占据技术优势，根本不用担心美国的制裁；即便美国继续加大制裁力度，华为也根本不用担心会垮掉。另一方面在于士气。在华为没有受到美国打压之前，华为内部存在很多问题，其中比较严重的一项就是士气低落、消极懈怠，这让任正非感到非常棘手。可是随着华为遭受外来的压力，所有的华为人开始凝结成一股合力，爆发出强大的战斗力。任正非认为，这就是企业文化的优势，华为人会在危机到来的时候自动激发出强大的意志力，这一点在过去30多年时间里已经多次得到了证明。

在过去很长一段时间里，中国有很多优秀的企业出现，但大都昙花一现，在外国企业的打压下、在市场的变局中退出了市场。这种撤退一方面是因为技术实力不足，但更加重要的原因是企业本身缺乏更好的企业文化，整个企业在应对危机方面缺乏弹性和抗压能力，危机还没扩大，自己就先失去了战斗意志。而华为一直以来都在给员工灌输危机意识，使得整个团队拥有很强的应激能力以及意志力，遇到真正的危机时，反而可以众志成城，强化自己的信心，而这样的自信和乐观，正是华为人的共同属性。

一以贯之的奋斗者文化

华为一直都在提倡奋斗者文化，在华为公司，只有奋斗者才会得到应有的尊重，才能够获得应有的报酬，比如在2019年"双十一"期间，当大家还沉浸在网络购物的狂潮中时，华为公司宣布拿出20亿元奖励华为9万多的员工，以表彰和慰问那些自从5月份受到美国制裁以来依旧努力奋斗的员工。华为的奖励行动恰好体现出了华为公司对于奋斗者的尊重，恰好体现出了华为公司鲜明的奋斗者文化。

这些年来，任正非一直都积极鼓励员工去奋斗，而且最好去一线奋斗。无论是在最初的发展阶段，还是如今的领先位置，任正非始终坚信只有不断奋斗，才能确保华为在激烈的竞争中生存下去。他认为每一个华为人都要承担起责任，要勇敢去当英雄、去当干部，带领华为变得更加强大。

"你们要激励好儿女上战场，二十几岁为什么不能当将军？我要是跟你们一样年轻，我二十几岁保证能当将军。大学毕业就到最艰苦的地方去工作，我就去苏丹。我在电脑里面下载满了所有的网络标准，而且把陈海燕搞的工程表格也全都下载下来，那我去建一个基站，我刚大学毕业嘛，我只建一个基站，周末就请师傅吃饭，'师傅，今天中午我请你吃碗豆腐，这个基站是啥意思'，师傅说的我全部记下来，晚上我就写心得、写总结。半年后，就能管一站群，我再学再总结，大站群我就用归纳法来处理，找出规律来，难道我还不能当将军吗？当军长和连长没有本质区别，只要当过连长的人，一定能当军长，但是没有当过连长，直接从参谋下去当个团长的人一辈子当不了军长。战场枪一响，不死就是将军，死了就是英雄。怕死鬼就回家去好好过日子。"

在很多公司，奋斗并不是一个重要的主题，很多企业家和管理者只看重能不能招到人，这些人能不能踏踏实实留在公司里上班，却从来没有想过如何让员工去奋斗。任正非曾经说过："人生出来最终要死，那何必要生呢？人不努力可以天天晒太阳，那何必要努力以后再去度假晒太阳呢？如果从终极目标来讲，觉得什么都是虚无的，可以不努力，那样就会产生悲观的情绪。我们的生命有七八十年，这七八十年中努力和不努力不一样，各方面都会不一样的。在产生美的结果的过程中，确实充满着痛苦。农夫要耕耘才会有收获；建筑工人不惧日晒雨淋，才会有城市的美好；没有炼钢工人在炉火旁熏烤，就没有你的潇洒美丽，没有你驾驶的汽车，而他们不再需要什么护肤品；海军陆战队员不进行艰苦顽强的训练，一登陆，就会命丧沙滩。少壮不努力，老大徒伤悲，我想各位考上大学，都脱了一层皮吧……所有一切，没有付出，是绝不会有收获的。鲜花的美丽，没有肥料，以及精心照料，是不可能的。"

奋斗不仅仅是为了企业的发展，更是为了个人的发展：奋斗可以为自己赢得更多的工资和奖金，可以给自己未来的发展道路打好基础，可以让自身的价值得到实现。因此，人们有理由去奋斗，有理由对自己未来的生活负责。

如今，随着时代的发展，随着技术的不断进步，新时代给任何企业包括华为都打开了一个强大的机会窗，任何人都需要更加努力，需要拿出更大的拼劲，争取将全世界的科学家、全世界的工程师、全世界的企业都团结起来，一起迎接这个新时代。任正非希望华为能够站在整个社会发展的潮流和大局上看待技术进步，不要有狭隘的民族主义和私心，而应该以共享的心态面对一切，应该拿出更大的奋斗精神，勇敢面对即将到来的东西，这才是真正应该去做的，也是华为奋斗者文化的重点体现。

在任正非看来，一家企业要想实现基业长青，要想在未来的几十年甚至上百年时间内都保持强大的竞争力，就需要员工时刻保持强大的竞争意识和奋斗精神，需要所有华为人保持初心，拿出最好的状态去迎接新的时代。

不过奋斗者文化的重点不仅停留在奋斗的态度上，还在于奋斗的结果，因此在发扬奋斗者文化的时候，华为还对不同奋斗层次和奋斗水平的员工进行了分类，比如2011年4月，任正非在一次内部讨论中，直接将公司职员划分为三类：第一类是普通劳动者，第二类是一般奋斗者，第三类是有成效的奋斗者。

（1）普通劳动者只负责按照指令工作，工作对他们来说只是一种维持生计的手段，因此他们在工作中缺乏动力，也无法创造更大的收益。

（2）一般奋斗者比普通劳动者好一点，至少这些人拥有自己的目标，而且对工作认真负责，拥有较强的积极性。

（3）卓有成效的奋斗者往往拥有很强的主观能动性，他们对待工作非常认真，会将公司的事情当成自己的事情来对待，平时会严格按照指令执行任务，并且还会按照自己的想法进行创造性的发挥，可以主动为公司创造额外的价值。

这三个层次的划分，实际上指出了华为奋斗者文化的精髓，那就是所有的奋斗不能出工不出力，而要以业绩考核作为价值衡量的标准。只有那些能够为公司创造价值的奋斗者，才值得公司重点培养。

在学习中进步，在进步中强化学习

"现在这杯'咖啡杯'里，以你们为核心，团结世界所有同方向的科学家，淡化工卡文化。如果那些科学家做出了跟你们同样的贡献，那么就要给他们同样的待遇。我们可以试试人才'众筹'，就是特优秀人才快进、快出，不扣住人家一生。不求他们归我们所有，不限制他们的人身自由和学术自由，不占有他们的论文、专利……只求跟他们合作。我听说，有的部门与美国大学教授合作，还提出很多附加条件，不要这样做。我们去支持大学里的教授，喝杯咖啡沟通沟通，听听他的讲话，理解他这篇文章的意义，就能得到很大启发。你们晚上没有事，也可以看看生物等这些跨学科书籍。虽然不能去创造发明，但可以增强对其他学科的理解。当其他学科的专家跟你聊天时，你就能感知他学问的价值用途。

"虽然有些教授本人不会到我们公司工作，但是他下面有很多博士，可以吸纳进来。这些博士理解教授的科学研究，而且跟老师有技术往来，也把我们与教授连接起来了。我们出现了成功，注明是来自这个老师的成功，也可以分享成功。名和利双方各只收获一条，两者不矛盾，不就成为合作伙伴了吗？"

这是任正非提出来的关于"一杯咖啡吸收宇宙能量"的观点，这个观点的核心就是知识的学习和吸收，而学习恰恰是华为过去30多年来最重要的任务之一。如果对华为的发展进行分析，就会发现华为基本上都是在学习中发展起来的：学习带来了华为的发展，而发展又刺激了华为进一步强化学习的意识。按照任正非的话来说，技术研发是无法学习到的，因为任何一家企业都不会将核心技术或者关键技术免费教给你，即便交了学费也不一定就会获得这些技术。考虑到西方国家对中国由来已久的技术封锁，华为在技术研发方面只能自力更生。但是管理和文化却可以学习和吸收，可以坚持从国外的先进体系中获得营养。

在过去30多年的发展进程中，任正非和华为的成长轨迹完全是一个知识积累的过程。华为不是一下子变大的，而是一步一个脚印走出来的，整个成长过程都是在不断学习中度过的。在这些方面，华为学习的对象有很多：英国、日本、德国，甚至是印度，都曾是华为重点关注和学习的对象，但最重要的学习对象还是美国，可以说美国是任正非最看重的国家，也是他最敬佩的国家，因为美国是世界上最强大的国家，美国人的管理思维和文化氛围是其他国家很难比拟的。在谈到华为与美国的关系时，任正非总是毫不犹豫地承认华为就是美国的学生，正是因为从美国身上学习到了很多东西，才有了华为现在的样子。

从20世纪90年代开始，华为就多次向美国取经，在企业文化建设以及管理体系打造方面，获得了很多有价值的经验。IBM公司、Hay

公司、苹果公司、谷歌公司都曾让华为受益匪浅，像流程控制和流程管理、代表处铁三角体系、扁平的组织管理模式、分权与岗位轮换制度、末位淘汰制等一系列制度都是从国外学习和吸收的。最重要的是，华为从学习过程中感受到了美国开放的、民主的、自由的发展环境，这一点对华为文化的形成有着决定性的作用，而且华为人也在不断的学习过程中形成了一种特殊的浓厚的学习文化。

任正非本身是一个喜欢学习的人，他的办公室里放着各种各样的书，有空的话他就会拿出来阅读和分析，平时出差的时候，他也喜欢看书。不仅如此，他还要求干部和员工看书，要求所有华为人养成学习的好习惯，这也是他创办华为大学的一个初衷。在任正非看来，只有学习，才能接触更多的新事物，才能掌握更多的新理论，也才能够吸收更多更新、更好的经验。

很多大企业在发展到一定程度后，就会陷入停滞的怪圈，这种停滞往往和企业开始变得自大、封闭有关：他们丧失了原先那种拼搏的精神和竞争意识，失去了原先那种学习的狂热；他们不愿意接受新事物，不愿意相信新技术，不喜欢尝试一些新的理念，更多时候龟缩在自己建造的城堡里自娱自乐。当一家公司不再学习的时候，也就意味着不再进步，而在现在的竞争环境中，所有企业都处于不进则退的状态。

华为一直都在避免陷入停滞的状态，激发大家的学习热情，而学习本身就是奋斗文化的一种体现，真正的奋斗者一定会主动吸收更好的知识，一定会主动融入国际大家庭中去接触更宽泛的知识体系。

不过华为在向西方学习的过程中，采取的策略是，先让自己适应外来的文化和知识体系，等到适应之后，再开始想办法按照自己的实际情况进行调整和变革，将所学到的知识进行消化和吸收，并且在必要的时候做出完善和改进，形成最适合自己的管理体系和文化体系。正是因为能够发展出具有自身特色的体系，华为才能够在学习的过程中真正汲取那些精华。

主干文化要管得很清晰很标准，但末端文化一定要开放

　　华为公司的企业文化非常有特点，作为一家民营企业的企业家，任正非杜绝了其他民营企业常见的独裁模式，将华为打造成为一个民主自由同时又有秩序的公司。而这种特殊的体制和文化来源于两个国家：第一个就是英国。英国在制度管理方面做得非常出色，国家的大制度基本上可以得到明确的界定，而且标准非常清晰，这就是为什么英国的法律非常严谨，因此华为在主干文化方面也管得非常清晰和标准，大制度被管理得很严格，任何人都不可以触碰这些大制度的根基。第二个就是向美国学习，保持文化的开放和竞争。美国的法律具有一定的灵活性，这符合美国开放的国情，因此华为的末端文化也做得非常开放，不会把规范做得非常细致，而是保持必要的弹性和灵活性，允许更多自由和创新的因子存在。

　　任正非在建设华为文化的时候，特意谈到了英国的清教徒。公元1620年，一批深受英国国教迫害的清教徒乘着"五月花号"轮船，横渡大西洋来到美国的普利茅斯。这些人怀着"我们要成为建在山上的城，全世界的人都将瞩目我们"的理想，开始了在美洲大地上的生

活。他们在英国待了很长时间，自然拥有英国人的规范和理性，通过继承英国的法律和规则，建立了自己的规范体系，而且非常努力，一直都在拼命奋斗和挣钱。

可是与英国的情况不同的是，当时的美国是一片尚未完全开发的土地，无论是经济还是文化，都带着更多的可能性，因此这批清教徒觉得在采取法律和制度规范的同时，应该在末端保持一定的灵活性，允许更大的自由和创新精神出现，要让美国变成一片充满人性化的、有自主发挥空间的热土。400多年来，美国一直都在这种开放的文化氛围中成长壮大，并且很快成长为世界上综合实力最强的国家。无论是经济、科技，还是军事，都是世界上最强的。这种最强就源于开放的文化。

正因为如此，任正非希望可以将英国的文化体制与美国的文化体制结合起来加以运用，其中主干文化吸收了英国文化的特点，而末端文化则借鉴了美国开放式的特点。比如华为公司的管理，无论是业绩考核、制度管理、人员管理，还是具体的流程管理，都是非常严格且明确的，在大制度或者主干文化上是占据绝对地位的，不能轻易发生变动。像"以奋斗者为主""以客户为中心"这一类主流文化以及关于业绩考核这些重要制度，华为都严格按照标准行事，任何违背这些文化和制度的人都要受到惩罚。可是在末端文化的管理上，华为愿意给予员工更大的自由，愿意让员工在一个相对开放的、自由的、民主的空间内工作。

比如华为提倡奋斗者文化，那些经常加班，经常放弃私人生活，且能够为公司创造更大价值的员工，的确值得公司的尊重，但这并不意味着公司就要排斥那些不加班或者工作期间态度不那么积极的员工，只要这些员工能够创造价值，那么公司就没有理由拒绝他们。同样，公司需要一大批守规矩且能够按照指令行事的员工，这是公司执行力的体现，可是对于那些有能力但是行为异于常人的员工，也需要保持开明的接纳的态度。还有就是公司一直都提倡业绩考核，认为员工的价值首先要体现在业绩上，业绩糟糕的人往往会被淘汰掉，但在具体实施的时候，还是需要明确一点，那就是公司是包容失败者的，一两次的失败不能给人进行定性，只有包容人才，才能真正引导人才的创新活动。

在任正非看来，主干文化是华为运转的基石，是所有华为人坚守的文化底线，或者说它们就是华为文化中最重要的基因，任何文化的构造都不能偏离和违背这些基石，这些主干文化的定位必须非常清晰，必须非常明确，不能有任何模棱两可的意思，也不能轻易就发生变动。比如华为最著名的文化是狼性文化、垫子文化，后来华为取消了这样的叫法，改成了奋斗者文化，但意思并没有变，在之后的发展过程中，任何继任者都不能否定奋斗者文化这条主线。

末端文化则没有必要一板一眼，没有必要采取高压制度进行管控，因为管理始终是对人进行管理，而人是具有自主创造性的，人的主观能动性就决定了公司不能完全给员工安好框架，不能完完全全将员工束缚在每一个制度的细节条框之中，而要给予员工更大的自由，要让员工在开放的环境中尽情发挥。在开拓市场和对外关系上，华为末端文化的开放性、竞争性表现得更为明显，员工拥有更多的自主权来做出判断。

从哲学的角度来说，主干文化就是公司的主要矛盾，末端文化更像是次要矛盾。对于华为公司来说，要想让公司正常运营，那么只需要重点抓住主要矛盾即可；至于次要矛盾，可以适当放宽限制。

第七章

战略管理：
华为的发展需要更强大的战略布局

"活下去"是最低战略，也是最高战略

2019年7月31日，任正非发表了《钢铁是怎么炼成的》的讲话："我曾讲过'钢铁是怎么炼成的'，其实在当前的困难时期就是华为公司在炼钢。全体华为员工就像铁矿石一样，要经过烈火的煎熬，去掉渣滓，出来铁水；铁水添加一些矿物质，除掉硫、磷等杂质，变成钢水；钢水变成钢锭，千锤百炼的钢锭再被压轧成钢材。华为的员工又岂止受千锤百炼的折磨？钢材的痛苦只有钢本身才知道，华为员工的痛苦也只有华为员工和家人才知道。因此，我们公司要走向称雄世界，注定是一条坎坷的道路。CNBG补好了洞，又开始恢复前进的步伐，而CBG的'万里长征'才迈开了第一步。CBG可能会遭遇艰难的长征，活下去就是胜利。"

类似的谈话在过去30多年时间里反复出现。2000年的时候，任正非发表了《华为的冬天》，在文章的开头，就直接满怀忧虑地说了这样一句话："公司所有员工是否考虑过，如果有一天，公司销售额下滑、利润下滑甚至会破产，我们怎么办？我们公司的太平时间太长了，在和平时期升的官太多了，这也许就是我们的灾难。"泰坦尼克

号"也是在一片欢呼声中出的海。而且我相信,这一天一定会到来。面对这样的未来,我们怎样来处理,我们是不是思考过?我们好多员工盲目自豪,盲目乐观,如果想过的人太少,也许就快来临了。居安思危,不是危言耸听。"

2004年,在第三季度的内部讲话中,任正非第二次提到了华为要注意冬天的到来,他认为华为需要应对即将到来的危机,需要想办法赢得产品质量、服务和成本的竞争。"活下去"仍旧是这一次谈话的核心。到了2008年,全球金融危机突然爆发,任正非再次发出了警告,呼吁华为公司要对经济全球化以及市场竞争的艰难性、残酷性做好充分的心理准备,所有华为人要提前对公司可能出现的业绩下滑做好准备,并且还展望了2009年、2010年,对可能出现的危机加重现象进行了分析。

2014年春季前夕,任正非在企业业务座谈会上发表了讲话:"我并不指望企业业务迅猛地发展,你们提口号要超谁超谁,我不感兴趣。我觉得谁也不需要超,就是要超过自己的肚皮,一定要吃饱。你现在肚皮都没有吃饱,你怎么超越别人?我认为企业业务不需要追求立刻做大做强,还是要做扎实,赚到钱,谁活到最后,谁活得最好。华为在这个世界上并不是什么了不起的公司,其实就是我们坚持活下来,别人死了,我们就强大了。所以现在我还是认为不要盲目做大,盲目铺开,要聚焦在少量有价值的客户、少量有竞争力的产品上,在这几个点上形成突破。"

如果说前几年的华为仍旧处在一个追逐者的身份上,自然要谨慎地将"活下去"当成最低的战略,那么随着华为的成长和壮大,随着华为站在通信领域领导者的位置上时,"活下去"就成为一个最高战略。在新时代、新环境下,环境的变动更大,环境也更加复杂,而且公司内部的问题也会不断增加,这个时候,任何一个微小的因素都可能会影响公司的发展，都可能会摧毁公司苦心经营的市场，因此华为需要变得更加谨慎，需要继续强化内部的危机意识。

虽然历经30多年的发展，华为已经变得足够强大了，但对于整个行业环境和市场环境而言，很多产业仍旧处于一种失衡的、盲目的、野蛮生长的状态。可以说，如今所提倡的那些风口，也往往会成为最混乱、最无序、最拥堵的地方，大量盲目的投机主义者会集合在这些风口上，这个时候可能会有大批企业死去。华为也不例外，如果不注意调整和控制，华为也可能会在风口中跑偏。此外，市场竞争的日益激烈，也让企业面临着巨大的外在风险。

比如在2018年，华为的终端业务发展迅速，这引发了任正非的担忧，他觉得公司内部存在一些盲目求快的情况，而这样很有可能会导致华为的终端业务走向歧途。那个时候，他将余承东叫到办公室，反复强调一句话："要警惕仁川登陆。"毕竟华为一直将华为消费者业务部门作为公司的"压舱石"和"牡丹江"，这是华为发展的基础，但很多时候，华为反而忽视了这个部门遭遇到的困难。在2019年，华为消费者业务部门就在美国的打压下遭遇了困境，虽然最重要的位置没有被击中，但是就像一架被击中油箱的飞机一样，已经开始漏油了，未来可能会掉落。

2019年4月18日，美国《时代》杂志发布了"2019年度全球百位最具影响力人物榜单"，任正非被评为业界泰斗。《时代》东亚记者查理·坎贝尔在提名辞中这样写道："当任正非在1987年投资5600美元（也有说是3400美元）创建华为时，他并不是一位计算机奇才。然而，他的管理帮助华为成了全球最大的电信设备公司，2018年营收达到了1070亿美元，客户遍及170个国家和地区。除了尖端智能机，华为还是5G领域的先锋，这项革命性技术将推动第四次工业革命中无人车和智慧工厂的发展。"

在面对美国人戴的高帽时，华为和任正非并没有因此而骄傲起来，而是发布了一张颇有意味的飞机图片。这是一架在"二战"中被打得浑身都是弹痕和弹孔的伊尔-2轰炸机，在随时可能坠毁的状态下，它仍旧转动螺旋桨飞着，仍旧要面对致命的打击。图片旁边配着一段话："我们还在痛苦中，不知道能不能活下来。"

对于华为来说，华为的生存能力以及必胜的信心不能建立在远见和长期的预期中，而应该建立在真实的绩效基础上。无论是新业务开发，还是老业务转型，都需要以获得绩效作为最根本的要求。这个要求并不过分，因为企业是有能力决定自己的效率与成本的，也是有能力决定自己的产出与竞争力的。

关于这一类生存问题，任正非早在十几年前就曾在内部做过专门的讲话："国际上的市场竞争法则不是计划法则，是优胜劣汰，客户也是嫌贫爱富的，银行也是嫌贫爱富的。富人谁想贷款，银行抓住你，穷人见死都不救。因为救死扶伤是民政部门的事，不应该由银行来承担对社会的救死扶伤问题，也不能依靠我们这样的先进企业。我们缴纳税收，由国家拿这些税收来解决这些救死扶伤的问题。兄弟公司之间竞争的时候，我们要争取更大的市场份额和合同金额，这才是我们真实的出路。"如果公司没有钱赚，公司的赢利能力受到质疑，那么凭什么去说服客户相信自己呢，凭什么让客户掏钱进行合作呢？

在任正非看来，企业只有把握住了市场，只有获得了客户的青睐，在市场上创造出更大的利润，才能发展下去，而这也是华为发展的基本要求。

向上捅破天，向下扎到根

2019年8月19日，任正非在CNBG组织变革研讨会上提出了一个口号："战时状态，既要激进又要保守。市场努力向前进攻，加强经营质量；研发坚持加大战略投入，'向上捅破天，向下扎到根'。"

按照任正非的说法，"向上捅破天，向下扎到根"，更多地体现在两个方面：第一个是在市场上，实现营销目标的同时，注重提升经营质量。公司的CNBG会给予代表处、地区部的销售人员更大的销售权限，平时不会限制销售的产品，让销售员在市场上积极冲锋陷阵，想办法将所有的产品都卖出去，让运营商、供应商、合作伙伴以及员工对公司放心。

华为公司这些年一直都在努力改革内部的组织结构，尽可能给代表处放权，让他们来决定该如何赢得市场，该如何对市场做出回应，确保在第一时间把握市场动向，满足客户的需求。任正非同时希望华为员工可以提高自己的工作目标，可以尽情地发挥自己的主观能动性去拓展市场份额，强化华为在市场上的影响力。在这里，适当的激进和冒险是很有必要的，公司不要过度干涉代表处和地区销售部员工的工作，不要给他们设置太多的条条框框，要充分给予自由。如果员工有能力做得更好，有扩大市场份额的需求，那么就要勇敢放权，让他们放开手脚去做。假设每个代表处的平均营业额为15个亿，那么如果有代表处将目标提升到20个亿，华为没有必要去干涉，而且应该对这样的行为给予鼓励。对于华为来说，赢利始终是第一目标。能够最大限度地激发出市场部员工的能量，能够最大限度地提升销量和业绩，这是每一个领导者的战略任务。

自然而然，完完全全地放开手脚去做也不太现实，虽然粗放型的经营和营销方式很容易将销量提升上来，但它也会带来一系列的问题，最明显的就是经营质量不高，造成很大的浪费和成本消耗。对于企业来说，成本控制是非常重要的内容，也是企业赢得利润的一个前提。如果华为公司的市场营业额很高，数据很好看，但成本控制很糟糕，同样不会真正给华为带来什么帮助。因此在保持适度激进的同时，还需要展示出一定的保守，而保守的一面是公司需要提升经营质量，放弃那些粗放的经营销售模式，不能总是将"把产品卖出去"当成业绩的唯一指标，最重要的是注重合同质量，争取把货款及时收回来，确保资金的合理流动。

在过去很长一段时间内，许多人对业绩的考量非常简单，只要将产品卖给客户，只要库房里的产品都被客户买走了，各地区的代表处就可以获得不错的业绩。可是很多时候由于不注重对合同进行审核，导致代表处出现了很多烂账，许多客户多年来都没有还清欠款。想要解决这些问题，除了进行组织变革之外，还需要强化每一个代表处的战略管理能力，代表处和销售人员有权力去追求更高的目标，也有权力去挑战更高的业绩，但必须保证一切要以收到货款为宜，只有真正收到钱，华为才能够在市场上站稳脚跟。

第二个，"向上捅破天，向下扎到根"的理念还要贯穿在研发工作当中。从长期的战略布局上来说，华为应当继续推进研发工作尤其是基础理论的研究，加强科研队伍建设，继续给人才放权，并加大战略物资的投入，确保继续激活华为发展的潜力，华为必须在战略高度上引领产业的发展方向。如果没有战略布局的眼光和能力，一切都跟着行业变化走，都想着跟在潮流后面去发展，那么华为很快就会泯然众人，成为一家很普通的科技公司。因此，任正非建议华为要加大研发力度，要站在更高的高度上看待发展问题，要站在更高的立场上来对待科技发展的力量。这是把握战略高度的基本要求，也是华为未来能够走多远、登多高的关键。

除了在战略上进行布局之外，在战术上也要做好准备，确保战术安排与现实情况紧密结合起来。从战术安排上来说，华为要做的是保证短期内的生产连续性，加快产品、仪器和人才的更新换代，尽量将资金集中到科研工作当中。不仅如此，公司应该积极授权，让最擅长研发也最懂技术的专家来掌控研发的指挥权，确保公司的研发工作可以落到实处，可以变得更加高效。而原先负责组织建设、后勤保障和业绩考核的AT团队需要适度削权，从研发部门的决策圈中退出，不能随便去干涉专家的想法和计划。为了推动公司内部的设备更新、人才引进和放权，并且使得这些战术行动具有更大的战略意义，公司需要进一步强化产业发展方向。

"向上捅破天，向下扎到根"并不是独立存在的，向上的战略布局以及向下的战术安排是合为一体的。战略布局是引导，是方向，是总的纲领；战术安排是具体的行动指示，具有灵活性，是需要与具体的现实情况结合在一起的。两者的有机结合，正好体现了华为的战略管理能力，也表明华为的战略部署并不是空中楼阁，并不是盲目制定的，而是与现实的发展情况紧密联系在一起，并且对现实操作具有方向性的引导作用。

全面提升华为的战略预警能力

在企业的战略管理中，技术是一个非常重要的元素，打造企业的核心技术就是战略管理中的一部分。对于任何一家企业来说，要想在未来在市场站稳脚跟，要想在未来获得更多的生存空间以及生存优势，就一定要拥有自己的核心技术、拥有核心竞争力，这是企业未来发展的基石和保障。而对于那些没有核心竞争力的企业来说，就要防止被其他企业卡脖子，需要及时弥补自身最大的短板。换句话说，它们需要建立战略预警机制，避免当危机发生时束手无策。

在这方面，华为始终都在强化自己的预警机制，无论是华为的危机文化，还是华为的战略憧憬，本身都是为了完善自己的弱项，避免在一些关键项目上被对手束缚。多年来，华为公司始终坚持在供应链上坚定不移地拥抱全球化，而且对美国公司始终保持欢迎的态度。华为希望美国扮演好在全球供应链上的角色，加强对华为的零部件供应，从而形成一个良性的生态圈。对华为来说，这应该是一个双赢的局面，何况美国一直都是全球化的最大受益者，美国人可以将产品卖到全世界去。但是当美国越来越多地优先考虑自己的利益，并且毫无征兆地打压其他国家的公司时，华为变得更加警惕，即在美国断供的时候拿出自己的替代方案来解决零部件供应危机。在华为看来，及时摆脱对美国的依赖很有必要，即便离开美国公司的产品，华为也要找到生存的方式，绝对不能坐以待毙。

比如自从美国政府开始在芯片领域打压华为，断供华为的产品，华为旗下的子公司海思开始承担起研发和供应芯片的责任，而且海思成功推出了麒麟芯片，它完全可以提供备胎芯片。海思半导体公司成立于2004年，何庭波是负责人。当时任正非非常看重这位1996年进入华为的女性工程师，曾亲自对何庭波说过这样一段话："海思半导体公司必须站起来，摆脱对外国的依赖。"那个时候，任正非就设想了有朝一日美国对华为进行芯片断供，那个时候华为应该如何应对呢？为了避免被外国卡脖子，任正非要求华为公司每年拨出20亿元帮助海思研发半导体和芯片。

2019年，美国使用不正当手法对华为芯片断供时，何庭波主动站出来表示："为了这个以为永远不会发生的假设，数千海思儿女，走上了科技史上最为悲壮的长征，为公司的生存打造备胎。今天是历史的选择，使我们打造的备胎，一夜之间全面转'正'！多年心血，在一夜之间兑现为公司对客户持续服务的承诺。"

从2004年到2019年，华为辛苦布局了15年，依靠的就是15年前强大的战略预警能力。如果当时的华为缺乏这样的魄力和机制，那么今天的华为在与美国的谈判和博弈中就会处于被动位置。其实，在2019年发生了很多重要的国际大事，仅仅是在中国以及周边，就发生了比较严重的商业冲突，除了美国对华为毫无理由的打压和抹黑之外，另外一起国际性事件就是日本对韩国的芯片断供，这两起事件实际上都指向了一个问题，那就是核心技术。美国卡住华为的芯片和操作系统，日本人也同样掐住了韩国人的芯片，这些都是因为美、日两国掌控了核心技术，而中国或者韩国想要摆脱困境，只能自立自强，掌握核心技术来对抗外界的压力。

虽然华为投入巨资研发了鲲鹏芯片以及泰山服务器，但这些都不是华为最初的设想，而是华为战略预警机制下的成果。其实华为并没有真正想过一定要全方位发展、一定要做到每一个环节和业务都得到完善，华为真正担心的问题是一旦外界断供华为的产品时会发生什么事情。如果没有充分的供应安全保障，那么华为必须拥有一个第二备份系统来替代。这其实也是一个不得已而为之的策略，因为研发芯片、CPU或者操作系统本身就是费时费力的过程，任何企业都需要承受巨大的代价。

任正非还强调了华为的一些经营理念："华为公司从开创至今，经营观念是坚决拥抱全球化，通过全球化产业链的合作，服务全球社会，这是我们的初衷。但是我们早就觉察到，我们和美国之间也存在着各种不确定的矛盾，所以我们自己也要有一些准备，当美国不卖给我们东西的时候，我们还不至于死掉，还能够自立。从现在来看，我们生存下来，在短时间内不会有问题了。但是我很担心的是，3~5年以后我们是否还能持续领先世界，这是我们要研究的问题，已经提到我们的议事日程上来了。"

按照任正非的估计，华为公司在5G领域内的领先优势能够维持3~5年，但是5年以后，10年以后呢？华为是否还能够像现在一样领先呢？是否还能够在外国的干预下保持处变不惊的状态？一旦落后，是否又会被其他竞争对手卡脖子？面对这一切，任正非始终保持清醒的战略头脑。

随着世界局势的不断变化，任正非意识到整个行业的变化发展可能会超出人们的想象，也会超出华为的控制。在发展问题上，任正非希望华为可以强化战略预警机制，提前做好战略布防，避免在一些关键的发展问题上犯错。

在发展中把握战略耐性

如果让人们推选一家成功的中国企业,华为公司绝对榜上有名。自从华为公司进入国际市场以来,它就已经给国人带来了无数的惊讶。作为一家民营企业,华为公司却能够走向世界,并且成为行业的领头羊,完美诠释了什么是"中国速度"。也正是因为如此,很多人都对华为未来的发展充满了期待,都觉得华为一定会有光明的前景,一定会引领行业走向下一个高峰,甚至给社会带来变革性的影响。

面对来自外界的赞誉和期待,任正非始终保持清醒的头脑。他觉得华为还只是一家正在发展中的公司,还不算是一家成功的企业。他希望所有华为人都可以脚踏实地,可以一步步去迎接未来、创造未来,而不要在一种盲目乐观和自大情绪中错失发展良机。华为公司希望所有华为人对未来的畅想不是停留在"技术"层面,不是停留在那些"美好"的期待上。"脚踏实地"是华为发展中一个非常重要的特质,也是一个最基本的文化因子。如果对华为的发展情况进行分析,就会发现,它所走的每一步都是按照正确的节奏进行的,都是按照计划来完成的。

从华为的最初发展开始，任正非就表现出了一个稳重的企业家的风范，他所做的一切都带有明显的低调的文化特性。不仅如此，任正非还将这种特性注入华为公司，让所有华为人都脚踏实地地为公司的发展目标而奋斗。正是因为任正非的引导，整个华为公司才能够在30多年的发展过程中不断成长起来，而且一步步实现了当初制定的目标，而现在的华为已经具备了强大的战略耐性。

比如在手机行业，决定手机质量和性能的指标，并不像过去十几年那样，局限在硬件配置上；手机软件的开发成为决定性的因素，而手机软件得以运用的一个基石主要就是手机操作系统，可以说谁拥有更好的手机系统，谁就能够掌控手机行业的发展命脉。在操作系统中，谷歌公司推出的安卓系统和苹果公司开发的iOS系统是最成功的，也是目前的主流操作系统。

许多公司和国家都曾想过打造一款能够比肩安卓、iOS的世界级操作系统。在中国，也有很多企业都在为之而努力，华为是其中的佼佼者。但是迄今为止，仍旧没有一款可以与安卓系统、iOS系统相媲美的系统出现。事实上，研发一个系统也许并没有想象中的那么困难，华为能够做到，微软公司也曾做到了，但问题在于这些新出现的系统并没有建立起一个完整的生态系统，比如微软公司的操作系统功能强大，但是由于缺乏完善的生态系统，公司研发的Windows Phone一直处于无人问津的状态。同样，华为或许有能力研发出属于自己的系统，甚至在功能上比安卓之类的产品更加强大，但是绝对没有能力在短时间内打造一个系统的生态圈，尤其是随着安卓系统和iOS功能不断提升、生态结构日益稳定和完善，其他竞争者想要在市场上分一杯羹，只会变得越来越困难。

　　虽然困难重重，但是一旦美国公司拒绝提供操作系统，那么华为有信心在2~3年之内研制出自己的操作系统并打造比较完善的生态体系，而且也必须在2~3年内研发出一套实用的系统，否则华为将会陷入前所未有的困境之中。按照华为公司目前的规划，自研的鸿蒙系统会逐步用于可穿戴设备、创新国产PC、车机等多种智能终端，时间基本确定在2021年左右，之后会花时间逐步完善生态系统。在任正非看来，鸿蒙系统距离商用化的时间还长，华为并不急于推广和应用这个系统，而是尽量给予它成长和完善的空间，争取一步一步来，不能急功近利，不能盲目求快，否则就会给未来的发展埋下隐患。

　　除了在芯片和操作系统方面，华为在6G方面的规划和设计也坚持稳扎稳打的风格。关于华为是否已经迫不及待地开发6G技术的问题，华为公司战略部总裁张文林在一次采访活动上给出了自己的答案，他觉得华为攻克6G技术是必然的，但一定要保持脚踏实地的作风，不能盲目求快，更不能采取大跃进的方式：

　　"这是10年以后的事情，因为我们这个产业的规律就是每10年一代，而且我是自己参与了任总说的最早期构思5G的过程。我印象一直非常深刻的是，英国萨里大学的一个教授，10年以前我们找他探讨'什么是5G'，他跟我们讲了一个概念，'一平方公里之内要增加100倍100万的连接'。我们当时就觉得不能理解，这与我们传统理解通信技术是完全不一样的，我甚至觉得是非常不靠谱、和技术无关的，但现在5G就这样实现了。

　　"现在任总说6G还在探索，甚至任总刚才说的（未来前景）将来都实现不了，现在大家只是在探索、在寻找概念。而且在这个产业，我们看到任何一个国家、任何一个公司如果想跨越一G，其实他就会错失机会。3G做得好的国家，它的4G必然发展得好；4G基础打好以后，5G才能发展好。任何一个国家、任何一个公司想跨越一G，现在5G来了，我们等着发展6G吧，我看到发生了很多这样的失败案例。"

在任正非看来，成功并不是一蹴而就的，遇到问题的时候，还是应该保持必要的战略耐性，比如华为曾经招聘了一个俄罗斯的数学天才，这个天才每天就坐在电脑旁工作，要么就研究数学，几乎从不会与外界联系，也没有什么社交活动，而华为也几乎从来不去过问对方每天在做些什么，结果某一天他突然跑到任正非面前说，自己已经研究清楚2G到3G的技术突破了。一个人花了那么多年的时间，脚踏实地地研究数学，研究3G技术，这让任正非感到钦佩。任正非多次谈到这个年轻人，并且认为华为未来在6G、7G以及人工智能技术方面的发展也要坚持脚踏实地，必要的时候不要害怕坐冷板凳。

在谈到美国正在想方设法跳过5G直接研制6G技术时，任正非非常明白地说道："美国寄希望于6G，华为的6G研究也领先世界，但我们认为6G在10年以后才可能正式投入使用。美国不应该错失这10年人工智能发展的机会，人工智能的发展速度是3~4个月翻一番，所以我们都要去追赶。"

除了在发展阶段上进行合理控制之外，对于横向的开拓以及财富积累，华为也有自己的考量。比如华为实行"工者有其股"的分配制度，公司的股权结构是内部股权分配的形式，和其他上市公司完全不同，尽管这种股权结构受到了外界的质疑和抨击，很多人都建议任正非放开现有的股权限制，将华为打造成一家上市公司，这样一来，华为公司就有可能挣到更多的钱，华为的品牌价值也会成倍增加，那个时候，华为公司在全球500强企业的排名还会进一步上升，但任正非坚决不让外来资本进入公司，因为一旦外来资本介入，就会干扰公司的正常决策和运营方向，会破坏现有的产业关系，还会损害上、下游公司的利益。为了寻求更好的发展，华为放弃了上市，放弃了让外来资本介入，也放弃了对其他产业的拓展，像互联网+、房地产、能源汽车、炒股，在过去20年都是非常挣钱的产业，但是华为始终坚持在通信领域奋斗。对任正非来说，对准一个城墙口连续进攻30年、40年、50年，这才是华为最应该去做的事情，也是华为在未来扩大产业影响力的基础。

在20世纪90年代，任正非提出了一个重要的说法："企业不可穿上红舞鞋。"按照任正非的说法，红舞鞋是华为发展的重大阻碍。红舞鞋最初是童话故事中的素材，据说女孩子们只要穿上了这双漂亮的红舞鞋，跳舞的时候就会体态轻盈、舞姿曼妙，但这双充满致命诱惑力的红舞鞋会让穿上它的舞者无休止地跳下去，直到体力衰竭而死。

任正非认为华为公司面临着很多致命的诱惑，这些诱惑会让华为将发展的精力白白浪费在一些物质享受和一些虚无缥缈的名利争夺上，财富、名望以及成功都会成为绊脚石，都会成为控制和操纵华为发展的不良因素。

对于华为公司来说，对于当前的发展以及未来的规划，难免会产生一些盲目求快的情况，而任正非就像是一个超级船长，时刻都在监督和指挥整艘大船，确保它能够平稳行驶。

主动寻求战略机会

特斯拉的创始人埃隆·马斯克的前妻在评价马斯克时,说过这样一段话:"极致的成功需要极致的个性,这样的成功以其他方面的牺牲为代价。极度的成功跟你认为的'成功'是不一样的,你不必成为像理查德或者埃隆那样的人,也能过上富裕和优质的生活。你获得幸福的概率比成为伟大人物的概率更高。

"但如果你是一个极端的人物,你必须做你自己,幸福对你来说已经不是人生最重要的目标了。这些人常常是怪胎或者与社会格格不入,他们总是强迫自己以一种非同寻常的方式去体验这个世界。

"他们找到生存的策略,随着年龄的增长,他们想方设法把这些策略应用在其他的事情当中,为自己创造出独特的、强有力的优势。他们的思维方式不同常人,他们总能以全新的角度看待事物,找到具有洞见的创意。但是,人们常常认为他们是疯子。"

马斯克最大的特质就是富于冒险精神,善于寻找战略发展机会。和其他规规矩矩的企业家相比,他更像是一个战略投资大师,虽然或多或少有些冒进的嫌疑,但在战略机会的布局方面,的确很少有人可以和他相提并论，这也是他被人看作下一个乔布斯的原因。在很多外国人眼中，任正非就是中国版的乔布斯。对于这种赞美，任正非非常谦虚地给予了否定："第一，我不是乔布斯，因为乔布斯对人类贡献非常大，他创造了移动互联网，而且他在哲学上追求完美。我没有特别精湛的技术，只是提了一桶'糨糊'把18万员工粘起来一起奋斗，他们奋斗出来的成绩就扣在了我头上。我在哲学上信奉灰度，信奉妥协，'白'与'黑'之间有一个妥协是灰度。乔布斯是追求极致的，我们两个在性格上有很多不一样。我没有他那么伟大，所以不能叫乔布斯，这不是谦虚，是真心不认为自己伟大。"

虽然任正非并不觉得自己和乔布斯有太多的相似点，但是他身上所体现出的战略机会把握能力也是世界一流的。这一点从华为在5G以及人工智能上的布局就可以看出来，他是一个善于把握战略机会的人。在过去二三十年，很多企业都想办法往最挣钱或者挣钱最快的领域突围，但任正非没有这样做，他将目标锁定在通信行业，并且很早就开始关注人工智能的动态，在他看来这是一个万亿美元的大市场，谁可以率先进入这个市场，谁就能够赢得最终的胜利。

而在进军人工智能领域时，任正非看重的是5G技术的研发，并且认为5G技术机器进化版在未来会成为人工智能的最佳载体，所以他并没有热衷于建造机器人，并没有热衷于制造无人驾驶汽车，也没有热衷于制造量子计算机。任正非曾经在内部会议上强调："人工智能的基础算法、算力、数据，前两项我们国家还是弱的，光有数据强还不行。这方面你们去问问李飞飞、李开复，他们比较明白，我是外行。欧、美、日的数学基础很扎实，比如我们做机器人，关键零件都是买日本的，即使我们研发出来了，赚钱最多的还是日本。"许多人觉得任正非对于人工智能缺乏信心，而且似乎他在担心人工智能存在巨大泡沫。但是无论如何，华为还是把握住了人工智能时代的战略机会，只要认真将5G以及6G做好，那么就可以在人工智能领域开辟广阔的市场。

在把握战略机会的时候，任正非一方面通过精准的预判以及灵敏的商业嗅觉来挖掘战略机会，另一方面就是依靠"鸡肋战略"。比如2001年，IT行业遭遇了非常严重的泡沫危机，整个通信行业都不景气，很多企业面临着生存的困境，一方面企业需要加大投入才能赢得市场的关注，另一方面设备正在变得越来越不值钱，利润正在大幅减少，这样就使得原有的业务变成了鸡肋，抓住了没什么太多的盈利，放弃了又觉得可惜。像北电就是一个典型的代表，它过去在光传输上一直都投入过猛，可是当经济泡沫出现之后，光传输的设备根本卖不到高价，如果不卖设备，北电将会失去更多的市场，因此一直在左右为难中徘徊。华为看准了时机，直接进军光传输领域，在光传输与光交换上加大了投资，尽管利润微薄，但是华为却将其当成市场拓展的机会。而经过十几年的发展，华为终于不负众望，在光传输和光交换上做到了绝对领先，而且竞争对手们在短时间内基本上很难追上华为的脚步。可以说，原先的鸡肋在华为的坚持下反而变成了香饽饽。如今，很多企业都认为光子计算机是一个听起来高大上但是不挣钱的鸡肋，但华为却盯上了这根鸡肋，而且还特意在公司内部开了干部大会，号召和激励大家一定要在光子计算机领域奋斗和坚持到底。

在很多时候，华为会给予员工更大的空间进行研发。这些研发可以暂时没有具体的目标和方向，探索一些看起来不可思议的事情或者技术。任正非说过："Google有一个阿尔法公司，做的全部是无聊的事，也可能是人类永远不可能实现的事情，可以理解为这是一种社会责任，不要觉得拿钱给穷人就是社会责任，探索人类文明中消耗大量的钱财可能没有结果，产生几篇论文（也是一种社会责任），因为后人可以踩在肩膀上前进，我们也是在这样做。"任正非希望华为人具备这种探索精神（要控制好规模和投入），可以在探索中找到新的战略机会点，可以找到新的发展项目。

在智能社会进行清晰的战略定位

众所周知,一个企业如果没有赢利能力,也就无法获得持续的注入,也就无法获得有效的发展。从经济学的角度来说,企业内部的一切都是成本,每一个目标都存在着风险,甚至存在着大出血的危机。如果项目目标本身无法赢利,无法用自己的绩效来支撑自己的发展,企业就会很容易处在一种岌岌可危的状态,这是绝对不允许的。所以项目的定位非常重要,而且这种定位必须足够清晰明确,需要迎合具体的规划和发展要求。

最典型的就是手机定位。华为旗下拥有两大手机品牌,分别是华为和荣耀。其中华为品牌的手机在高端市场的影响力越来越大,也是将华为手机推向高端品牌的大功臣,其主打高端市场的Mate系列和P系列成为市场上很有影响力的机型。在过去,全球尤其是国内手机市场上一直都是三星和苹果公司的手机在占据高端位置,而华为Mate系列和P系列的成功推出打破了高端市场的双寡头局面。荣耀品牌同样成绩喜人,超高的性价比以及出色的体验,为华为公司笼络了一大批忠实的粉丝,荣耀手机也是国内最畅销的手机品牌之一。

那么为什么华为公司要推出两个手机品牌呢？这源于任正非提前布局的市场定位。早在荣耀手机出现之前，任正非就已经对市场进行细分，并且对华为手机的品牌定位进行了规划，两个品牌的出现是意料之中的。其实国内很多企业都推出了双品牌手机，联想、酷派，以及华为的老对手中兴都采取了这种双品牌战略，但是这些企业的手机销量都不尽如人意，反而是华为公司的双手机品牌策略推行得非常顺利。究其原因主要在于华为公司在管理双品牌的时候一直采用的是彼此独立的策略，使得华为和荣耀两个手机品牌不会相互依赖、相互干扰，它们虽然共享华为的硬件研发和供应链体系，但荣耀在独立之后一直积极进行研发，摸索和打造属于自己的技术体系，甚至将这些技术反哺给华为公司。不仅如此，荣耀在获得技术独立之后直接摆脱了华为公司原有的渠道优势，坚持自己开拓销售渠道，实现了线下渠道的拓展，将传统的自建门店变成合作与利益共享。

这两个品牌的发展是内部独立、市场定位以及市场细分的产物，就像华为品牌的手机主要面向商务人群，而荣耀品牌更加专注于开拓年轻人的市场，这种划分模式本身就能够最大化地迎合市场需求，毕竟手机市场以及消费群体日益呈现多样化，商务的、青春的、运动的、科技范儿的、复古的、女性化的、性价比高的等。双品牌战略可以帮助华为公司的手机占据更多的市场，而且这两个品牌本身并没有什么重叠的地方。两个品牌市场划分的背后实际上是对差异化销售的实践，比如华为品牌的手机强调的是商务、品质，属于稳重的风格，而荣耀所包含的理念是大胆创新，它代表了一种活力，据说负责研发荣耀手机的工作人员需要特意去学习时尚设计，由此可见华为公司对荣耀品牌手机的良苦用心。

除了手机之外，华为在其他方面也在积极进行战略定位，最明显的就是智能社会的定位。任正非觉得在未来的智能社会中，华为应该具体发展什么技术、应该重点往哪个方向发展，都需要提前做好战略规划。他在接受采访时谈到了自己的理解："未来的时代会是什么样子，我认为每种技术都在突破前沿，当突破的技术之间跨学科交叉在一起时，这个社会会是什么场景，我不知晓。但我希望我们公司在这个场景中找到自己的地位。我们的战略高地就是收到数据的流量和处理分发数据的流量、储存和处理这些流量。我认为河流像《2012》这部电影一样，潮水汹涌，一定是有机会的，我只认为5G的管道还很小，尽管我们光的传输到了G8代，还是不能塑造这样的流量。沿着这条路，我们还是可以继续走下去的。"

其实，信息技术突破往往可以分解为算力、算法、数据、通信技术等几个部分的突破，其中算力突破以量子计算机的出现作为标志；数据突破以物联网普及为标志；通信技术突破则以光网、5G、6G为标志。随着科学技术在分子层面获得突破，基因技术、石墨烯技术、纳米医疗、区块链、光伏发电、核聚变发电等技术都在不断成熟，并且产生了更大的信息流量。如何处理好这些信息流是关键，它们是跨领域合作与科技创新获得突破的前提。如果无法对信息流进行存储、传输、处理，就会导致科学技术的停滞，而且社会生活的方方面面也会受到影响。

华为公司需要适应这些变化，主动加入到科技变革的大潮中，并且对这些技术变革在未来生活中起到的作用做出评估，要对自己在未来二三十年的智能社会中所扮演的角色有一个清晰的定位。未来几十年的信息洪流绝对比现在超出不知多少倍，因此需要想办法进行及时疏导、分发、存储和处理，这是华为接下来的战略定位，也是战略布局的起点。如果说此前的市场定位和品牌定位为华为前30年的发展奠定了基础，那么接下来关于智能社会的战略定位，则可以有效保障华为在未来二三十年的发展不会出现大的差错。

不懂战略退却的人，就不会战略进攻

在2019年6月初的时候，华为就毫无征兆地出售了控股的华为海洋。华为海洋是一家由华为投资控股的专门承接海底光缆业务的公司，在几年的时间里就已经成功交付了超过5万公里长的海底光缆。截至2019年6月，该公司的业务在行业内排名第四，从某种意义上来说，华为海洋的业绩也算是非常优秀了。但是华为对此并不满意，任正非和其他高管也认为华为海洋虽然在量上做得很好，但是在整个行业内并没有太大的技术优势，而且未来的发展似乎也没有什么更好的前景。按照华为内部人士的说法，华为海洋可能会是一家不错的赢利公司，但很难成长为具备国际竞争力的大公司，何况华为海洋的业务和华为的主流业务不一致，更多时候它只是依靠华为公司的影响力承接业务而已。

由于当时华为公司正承受着美国的打压，因此很多人都担心华为公司一定是出现了资金困难，想办法断臂求生。针对内部和外界的疑惑，任正非特意在内部发表了文章，并提出了一个基本的观点："不能在世界战略领先的产品，我们不做！"按照任正非的说法，光缆铺设业务并不能真正体现出华为技术的优势，而且也不是一个战略目标，因此华为没有必要在上面浪费更多的时间和资源。既然华为海洋的潜力非常有限，那么华为干脆采取战略退出的方案，直接抛售这个非核心资产，并尽量专注于那些核心业务，为自己的战略进攻集中更大更多的力量。

不仅如此，此前任正非还谈到了另外一件事，那就是电信软件团队的工作：由于管理者的经营管理能力不足，导致电信软件的技术开发和相关业务一直不能成功。这一业务的失败让任正非下定决心解散整个团队，但这种解散并不是要求所有的人离开公司，而是让他们集中精力去其他业务部门做贡献。事实上整个电信软件团队的战略撤退，更像是一种战略转移。华为安排这个团队进入其他业务部门奋斗，为那些更加重要的业务提供助力，尤其是为那些战略目标提供帮助。

还有区块链是当前最热门的话题之一，许多人都认为这是一个伟大的行业，将会改变人类社会的进程。但任正非觉得从长远来看，区块链的价值、作用和地位被夸大了，区块链在量子计算面前几乎不值一提，企业应该把握住区块链技术以及相关的发展机遇，但是更应该立足长远，将量子计算当成未来发展的重点。

任正非认为一家好的企业不应该也不可能做到事事兼顾，也不要追求所有的目标，应该重点关注和抓住那些战略目标，至于非战略性的机会，则要及时撤退，确保资源可以集中高效地利用起来。这种战略退却其实就是为发起新一轮战略进攻做准备的，它的主要机制就是在退却中进行资源整合，将资源运用到最能够高效运作的项目上。

对于公司里出现的盲目向前、不计代价地进攻市场的行为，任正非提出了批评。他觉得员工有干劲是好事，有耐性也是好事，但从战略布局的层面上来说，错误的进攻方向会带来错误的结果，而且越是坚持，这个错误的结果就越大。华为人不害怕困难，但也要懂得理性退却。任正非曾经说过："困难从来都是更大胜利的前奏，挑战更是坚强队伍的磨刀石，我们也要从一线队伍中选拔英雄与骨干，我们在极端困难的情况下，要英勇奋斗，我们不能像一只病猫，等待着，幻想特赦。敢战方有前途，善战才能胜利；不能为保销售而牺牲质量，研发质量、生产质量、交付服务质量、商务财务质量……实在做不上去的国家允许合理收缩。我们不是上市公司，不用拼一张财务报表。我们的队伍既要英勇奋斗，又要灵活机动，不拘一格选人才。"

在一些难以开发的市场、一些难以做到出色的项目上，一定要采取适当的战略收缩措施，而不是盲目进攻。一家优秀的公司应该具备战略收缩特质，应该懂得在什么时候、在什么项目上收缩。任正非认为华为公司应该有所为而有所不为，对于那些不能在世界战略领先的产品，应该提前退出生命周期，不能花费更多的资源在上面。而对于产业的战略性退出，必须做到合理有序，不能盲目撤退，也不能一下子就撤掉所有相关的业务。

从某个方面来说，华为的战略收缩和退却，就是一种聚焦。聚焦是任正非反复强调的理念之一，他甚至认为华为的成功很大程度上得益于其聚焦的战略，而在未来的发展中，华为同样需要依赖战略聚焦来实现资源的最大化利用，来实现城墙口上的大突破。其实早在1996年，《华为基本法》中就已经明确指出："我们坚持压强原则，在成功的关键因素和选定的战略点上，以超过主要竞争对手的强度配置资源，要么不做，要做就极大地集中人力、物力和财力，实现重点突破。"按照任正非的说法就是："战略战略，只有略了，才会有战略集中度，才会聚焦，才会有竞争力。"

关于聚焦，任正非还提出了一个概念，那就是"主航道"，主航道其实指的就是华为的重点发展项目或者说重点业务。任正非要求华为进行业务聚焦，将主要精力、主要资源分布在最重要的业务上。那么主航道的业务是不是就需要进行全面收缩呢？是不是所有无法实现领先的业务都需要收缩和消除呢？其实主要还是看具体的业务需求。此外，对于主航道外项目的衡量，还是以业绩为主。对于主航道外项目的衡量，还需要一个更重要的维度，那就是项目本身要达到华为对于盈利的要求，以及正现金流的要求。如果在约定的时间里达不到这两点，不管这个项目有多大的影响力，都是会被关闭的。

增加战略投入的比例

　　华为发布的2018年年度报告显示,华为的全球收入为7212亿元（约1052亿美元）,与2017年相比,增长了19.5%。其中2018年的净利润达到了593亿元,与2017年的474亿元相比增长了25.1%。对于一家制造业公司来说,这样的营业额以及利润已经非常好了,而就在华为的年度财务报表一片飘红的时候,任正非却犯了愁。

　　任正非认为2018年的华为利润太高并不是好事,这意味着公司在战略投入方面有很大的欠缺："这不是炫富,这说明我们的战略投入不够。如果战略投入多一点,我们今天的困难就少一点。做战略投入,就像把家里的'牛粪'撒在地里一样,土壤肥力好了,过几年庄稼就能丰收。"

　　他在常务董事会上做了检讨,认为华为的战略投入出现了问题,毕竟对于任何一家科技公司来说,战略投入是最重要的指标之一,它决定了公司未来发展的潜力。任正非认为企业的利润虽然是发展的重要指标,但是利润太高的话,就意味着投入太少了,而华为想要发展的话,就要增加投入,这投入更像是长期投资,是为华为未来发展打好基础。

　　比如在10年以前,诸如高通这样的大公司还在4G时代躺着赚钱的时候，华为就开始提前布局，投入大量资金进行5G技术的研发工作。外界对华为的做法不以为然，觉得华为没有必要花那么多钱在5G上，毕竟当时还是以4G为主，大家都觉得可能需要20年甚至更长时间才会出现5G，因此还是将大部分资金用于其他项目上更合理。但华为觉得自己的盈利已经不错了，没有必要将钱全部留下来，而应该重点进行战略布局，增加战略方面的投入比例，所以当时任正非要求华为加大对5G的研发。而正是因为提前布局，正是因为投入的增加，使得华为在5G研发领域很快跑到了世界的前面。

如今，华为在5G成果日益呈现的时候，开始调拨部分资金进行6G的研发。尽管这种资金投入在很多人看来有些多余，毕竟5G才刚刚起步，但是对任正非来说，将现在挣到的钱用于将来的技术投资中，完全符合华为的战略需求。

其实，在当前所有的公司中，能够年投入100亿美元进行技术研发的并不多，而华为就是其中之一，而且相比于其他公司，华为的投入比重是最大的。换句话说，华为将挣到的钱中很大一部分用于战略投资了，而且华为公司还打算加大这个投资比例。在2018年，华为在研发上的投入为1015亿元，三星公司在2018年的投入为1060亿元，谷歌公司在研发方面向来不吝啬，它也投入了1055亿元。此外还有德国的汽车品牌大众，它在研发方面投入了1035亿元。在所有的公司中，华为的营业收入并不占任何优势。

按照任正非的想法，华为公司在5年之后，年度营收额要达到2500亿美元，而未来5年将要投入1000亿美元的研发资金。这些资金不仅仅会投入到理论研究和新技术的开发中，还有一个重要任务就是重构网络，打造网络架构极简、站点极简、交易模式极简、网络对内对外都极度安全的网络，确保产品能够遵守欧洲GDPR的标准进行隐私保护。

之所以要加大战略投入的比例，就在于任正非希望华为拥有一个更加广阔的视野，拥有更加强大的预判能力，不要将眼光局限在狭隘的层面上，不要将发展局限在当前。一个优秀的企业永远要想到未来几十年的发展情况，应该主动去迎接未来的发展模式，而未来不会随随便便就出现的，是需要投入更多的钱来创造的。没有人会拒绝高利润，毕竟企业就是依靠高利润来存活的。但是资本的增值模式永远是投资，投资才是让资本发挥出更大价值的方式。一家看起来还不错的企业可能会拥有非常好的财务报表，但是只有那些最优秀、最成功的企业，才会花费大力气进行未来的投资。

从发展的角度来说，想办法把钱挣到手或许不是最难的，最难的是未来如何挣钱，如何挣到更多的钱，因为人们很少去联想未来是什么样子，而且未来本身就具有很大的不确定性，这就是很多企业缺乏投资意愿的缘由。但是对华为来说，它立志成为行业第一，并且打算在行业内长久生存下去，未来几十年究竟应该如何发展，究竟会发展成什么样子，谁也不知道，但是立足于当下，加大战略投资，做好充分的准备，无疑会让未来的发展局势变得更加明朗。

从竞争的角度来分析，华为增加战略投资的做法，无疑是为了增强华为抵御风险的能力，因为在通信行业中，竞争异常激烈，只要稍不留心，就可能会被对手反超。华为必须做好完全的准备，要提前布局，要提前做好防御，对于任何潜在的敌人都要保持关注，对于行业动态也要及时进行分析，然后做好自己的本职工作。就像当前都在谈论的6G以及人工智能一样，如果华为不能像过去10年那样勤奋，不能像过去10年那样具有远见，那么华为将很快被人从第一的宝座上挤下来。

后记：
华为的基础理论研究源于国家的基础教育

在谈到发展问题时，最重要的一个问题就是科研。对于一个国家来说，科研投入以及科研水平直接决定了国家未来的发展趋势和发展前景。企业也是如此。对于那些科技公司来说，如果在科研方面落后太多，就容易在技术更新换代中被淘汰出局。而提升科研水平不是一朝一夕就能够完成的，需要从基础研究做起。只有把基础研究做好了，才能够为科研工作打造良好的基础。

对于这一点，华为一直做得非常出色。许多通信领域的同行会在某一方面做得特别优秀，但华为则是努力让自己在几乎所有的通信领域都走到世界前沿：从最初做交换机起步，华为一步一个脚印，慢慢发展，慢慢提升，交换机做成了世界领先，传输也慢慢走到世界前列，此外在无线、数通、IT、终端等几乎所有通信领域都实现了领先。这一切，就源于华为在基础研究方面的巨大投入。

在谈到华为的基础研究时，任正非表现出了华为人特有的务实精神，重点强调了做好基础研究的重要性："华为还是要踏踏实实继续做学问。过去的30年，我们从几十人对准一个城墙口冲锋，到几百人、几千人、几万人到18万人，都是对准同一个城墙口冲锋，攻打这个城墙口的炮弹已经增加到每年接近150亿到200亿美金。全世界很少有上市公司敢于像我们这样对同一个城墙口进行投入，要相信我们领导行业的能力。我们有的研究所已经在单点上突破，领先世界了，要继续在单点上突破的基础上，在同方向上多点突破，并逐步横向拉通。在未来三五年内，我们是有信心保持竞争力的。当然，我们也可能会产生一些困难，过一些苦日子，那时华为内部股票的价格可能会下跌，希望你们不要去兑现。只要我们踏踏实实在基础研究上前进，在一个比较窄的方向上突破，就有可能胜出。我们已经有近8万项专利获得授权，许多还是基本专利、核心专利。这对人类是一个贡献，当然对美国的信息社会也是一个贡献。高科技不是基本建设，砸钱就能成功，要从基础教育抓起，需要一段漫长的时间，我们公司也是急不得的。"

在谈到华为的基础研究时，任正非认为理论研究一定要有所突破，他曾经谈到了日本在20世纪90年代遭遇到的金融危机。很多人都认为金融危机让日本经济停滞了20年，但问题在于，即便真的停滞了20年，日本也没有垮掉。原因很简单，日本的经济体系中，科技含量占比很重，日本在基础理论研究方面所取得的成就是世界上数一数二的，日本经济在硬着陆的过程中，依然可以保持坚挺，依然还保留一大批优秀的科技公司：索尼、丰田、松下等老牌子依然在各自的领域内占据技术优势。而一旦中国的经济遭遇困境，中国会挺下去吗？中国式经济繁荣的背后，可能看到的是核心技术不足、具有国际竞争力的企业和产品缺少、具有国际影响力的品牌缺乏,而根本原因在于中国缺乏理论突破。从微观层面来说,如果缺乏基础理论上的突破,那么华为也会在金融危机下倒闭。

所以,华为需要强化在基础理论研究方面的投入。华为成立了2012实验室,在全球各地也建立了实验室和科研机构,目的就是招揽全世界的人才来实现基础理论创新。这对华为未来的发展和生存起着重大作用。自然而然,任正非并没有孤立地看待华为所面临的问题,他认为华为的发展不是孤立的,而是同中国的前景、教育、科技、文化的进步息息相关的。因此,在管理华为的时候,任正非更愿意将视野拓展到整个国家的战略层面上,而正是这种大格局使得华为的管理和发展能够更上一层楼。

比如基础教育在任正非的谈话中是一个频繁出现的词,而关于基础教育,虽然企业也有责任去加强基础教育的投入,但更多时候需要国家进行规划,这也是国家发展的战略规划之一。任正非认为无论是华为还是其他公司,要想提升竞争力,就离不开国家对基础教育的重视和投入;只有做好了基础教育,整个国家和民族才会强大,企业也才能够在人才资源的输送中真正受益。

比如中国和印度在很多方面都很相似,但即便是最乐观的社会学家,也不认为印度会超越中国,因为相比于印度,中国在很多方面做得更好,其中最重要的一项就是基础教育。都说教育最能够体现出一个国家发展的深度和广度,而中国的基础教育推进工作比印度要更好,比如早在1952年,中国就开展了大规模扫盲运动,全国各地都兴起了扫盲和学习文化的热潮,农村中开办了"地头学习小组",工厂里拥有各式的"车间学校",铁路系统有"火车队学习小组",这些学习小组和扫盲运动使得中国的文盲率从20世纪50年代的80%快速下降到1980年的5%。而如今,中国的基础教育覆盖了整个国家,九年义务教育的推进工作更是让中国成为基础教育大国,为国家储备了大批有文化的劳动力。

当前,中国在很多方面仍旧落后于西方强国,基础教育方面也有很多地方稍显不足,但是国家一直都在积极改善。而作为企业来说,它们的命运实际上是和国家的战略规划联系在一起的。在2018年以前,人们可以明显地感觉到世界扁平化发展的基本趋势,比如世界上各个国家和地区的企业,只要肯支付更高的薪水,那么基本上可以从世界各地招聘到心仪的人才,国家也可以将自己的学生和人才送到世界各地进行学习和深造。但是随着美国推出"美国优先"政策,西方国家开始排斥中国,美国的很多大学甚至拒绝招聘中国留学生,相关的企业和研究机构也一直在排斥中国人的加入。在这个背景下,任正非真正意识到了以后中国的人才输出与人才引进计划会遭到更为严重的堵截,华为要想获得高素质人才,或许只能实现内部培养,或者说中国企业只能寄希望于国家对人才的培养。这也是任正非畅谈和重视基础教育的一个重要原因。

尤其是考虑到2019年,华为芯片被西方人卡住了脖子,这件事更让任正非感到了推进基础教育工作的紧迫性。在他看来,如果一家企业不能自己培养人才,如果一个国家不能培养人才,那么这个企业和国家都是没有希望的。

在2019年5月份接受央视《面对面》的访谈时,任正非就强调了这样一个观点："我关心教育不是为了华为，而是关心我们的国家。如果不重视教育，我会重返贫穷的。这个社会最终是要走向人工智能的。你可以参观一下我们的生产线，20秒钟一部手机就可以从无到有。未来我们几百条、上千条的生产线完全会是自动化的，而我们的人的文化素质不够。受过大专或者大学以上教育，但专业不好计算机也不好，以后做工人的机会都不存在了。从我们公司的缩影，可以放大看到整个国家，未来国家也要走向这一步，否则这个国家是没有竞争力的。"任正非对华为未来发展的展望，正是他对国家未来发展的展望。他对基础理论的看重，恰恰也表现出了他对国家在基础教育方面的投入寄予了很大的希望。